Chinesisch für Deutsche 2
Hochchinesisch für Fortgeschrittene

Veröffentlicht in Zusammenarbeit mit
dem Asien-Afrika-Institut
der Universität Hamburg

JINYANG ZHU

Chinesisch für Deutsche 2

Hochchinesisch für Fortgeschrittene

HELMUT BUSKE VERLAG
HAMBURG

Zu diesem Lehrbuch sind zwei Begleit-CDs (ISBN 978-3-87548-280-5)
mit den Lektionstexten erhältlich.

Im Digitaldruck »on demand« hergestelltes, inhaltlich mit der 2., durchgesehenen und verbesserten Auflage von 2006 identisches Exemplar.
Wir bitten um Verständnis für unvermeidliche Abweichungen in der Ausstattung, die der Einzelfertigung geschuldet sind.
Weitere Informationen unter: www.buske.de/bod.

Bibliographische Information der Deutschen Nationalbibliothek

Die Deutsche Nationalbibliothek verzeichnet diese Publikation
in der Deutschen Nationalbibliographie; detaillierte bibliographische
Daten sind im Internet über ‹http://portal.dnb.de› abrufbar.
ISBN 978-3-87548-449-6

© Helmut Buske Verlag GmbH, Hamburg 2006. Alle Rechte vorbehalten. Dies gilt auch für Vervielfältigungen, Übertragungen, Mikroverfilmungen und die Einspeicherung und Verarbeitung in elektronischen Systemen, soweit es nicht §§ 53 und 54 URG ausdrücklich gestatten. Gesamtherstellung: BoD, Norderstedt. Gedruckt auf alterungsbeständigem Werkdruckpapier, hergestellt aus 100% chlorfrei gebleichtem Zellstoff. Printed in Germany.

VORWORT

Chinesisch für Deutsche ist seit Jahrzehnten ein Standardwerk in Deutschland für den Anfängerunterricht. Das ist Herrn Chao Jung-lang zu verdanken, der uns inzwischen leider für immer verlassen hat. Als Dr. Ruth Cremerius Mitte der 1990er Jahre mit der Überarbeitung dieses Lehrwerks anfing, habe ich damit begonnen, auf der Grundlage der von Dr. Kuan Yu-Chien erstellten Unterrichtsmaterialien ein vollkommen neues Buch für Fortgeschrittene zu konzipieren, das nun den zweiten Band von *Chinesisch für Deutsche* bildet.

Dieser Band versteht sich als eine Fortsetzung des ersten Bandes und setzt dessen Vokabeln und Grammatik voraus. Er dient zur Erweiterung der schriftlichen und mündlichen Kompetenz und führt zur staatlichen HSK-Prüfung (Hànyǔ shuǐpíng kǎoshì 汉语水平考试) hin.

Progression wird im zweiten Band in dreierlei Hinsicht angestrebt: in Satz- und Textlänge sowie in der Ausdrucksweise. Durch zwanzig Lektionen (mit je einem Haupt- und einem Lesetext) sollen die Studierenden sprachlich und landeskundlich mit einigen wichtigen Themen und Textsorten vertraut gemacht werden. Zum Zweck der Kommunikation mit Chinesen wird auch Deutschland thematisiert. Die Texte werden durch grammatische und stilistische Erläuterungen erschlossen. Zu den grammatischen Erscheinungen, die für die Fortgeschrittenen relevant sind, werden Übungen in unterschiedlichen Formen – unter anderem dem Standard der HSK-Prüfungsformen entsprechend – geboten. Es werden ca. 1200 Wörter (auch Sprichwörter und feststehende Wendungen, die im Alltag von Bedeutung sind) eingeführt, die überwiegend zur Klasse B der HSK-Vokabelliste gehören. Einige wenige Wörter aus dem ersten Band werden zu Übungszwecken in der Vokabelliste aufgegriffen. Damit die Studierenden ein Wort nicht nur von der Bedeutung, sondern auch von der Anwendung her besser kennen lernen, werden – neben der deutschen Übersetzung und Erläuterung – bei Verben Zahl und Art der Ergänzungen und bei Nomina das Standard-Zählwort angegeben. Wichtige oder schwierige Wörter und Wendungen werden durch Beispielsätze illustriert. Außerdem werden wichtige Wörter aus dem Haupttext im Lesetext und in den Übungen wieder aufgenommen. Bei einem Wort, das leicht mit einem anderen zu verwechseln ist, wird auf Unterschiede hingewiesen. Bezüglich der Wortbildung werden wichtige Affixe durch Erläuterungen und Beispiele vorgestellt. Angesichts der Schwierigkeiten mit handschriftlichen Texten werden einige Lesetexte in einer handschriftähnlichen Schrifttype vorgestellt. Die Pinyin-Transkription orientiert sich an 现代汉语词典 (Xiàndài hànyǔ cídiǎn).

Mein Dank gilt allen Kolleginnen und Kollegen und Studierenden der Abteilung für Sprache und Kultur Chinas des Asien-Afrika-Instituts der Universität Hamburg für ihre Unterstützung. Besonders zu danken habe ich Dr. Ruth Cremerius, Prof. Dr. Michael Friedrich, Dr. Martin Hanke, Petra Häring-Kuan, Prof. Dr. Hans Stumpfeldt und Dr. Waltraud Timmermann. Vor allem aber ist es meiner Frau zu verdanken, dass dieses Buch erfolgreich zum Abschluss gebracht werden konnte.

Hamburg, im August 2001   Jinyang Zhu

Vorwort zur 2. Auflage

Wegen der überaus erfreulichen Aufnahme, die das Lehrwerk *Chinesisch für Deutsche* bei Lehrenden und Lernenden findet, und der angestiegenen Zahl von Sinologiestudierenden kann nun schon die zweite Auflage des für Fortgeschrittene konzipierten Bandes vorgelegt werden. Für diese Auflage wurden lediglich einige offensichtliche Ungenauigkeiten korrigiert.

Hamburg, im Juli 2006   Jinyang Zhu

目 录　INHALTSVERZEICHNIS

缩写与符号　Abkürzungen und Symbole IX

1　成语故事：塞翁失马 1
　　阅读课文：常用汉字有多少？

2　成语故事：狐假虎威 11
　　阅读课文：一个电大生的日记

3　图宾根大学 21
　　阅读课文：吃面条

4　留学南京 32
　　阅读课文："研究研究"

5　中国有多大？ 43
　　阅读课文：中国的青年人

6　上海人 56
　　阅读课文：北京人喝酒

7　汉堡和慕尼黑 68
　　阅读课文：广州

8　电脑时代 81
　　阅读课文：爱电脑的先生

9　儿童和电脑 93
　　阅读课文：电脑梦

10　小说：变化 106
　　阅读课文：称呼

11　小说：地毯 118
　　阅读课文：早知道…

12	找对象	132
	阅读课文：电视"红娘"	
13	家庭	145
	阅读课文：家庭新观念	
14	"小皇帝"	158
	阅读课文：家长的责任	
15	高考	169
	阅读课文：一个父亲的想法	
16	香烟的作用	182
	阅读课文：为什么抽烟？	
17	"中国心"	194
	阅读课文：中医热	
18	勤俭节约的德国人	207
	阅读课文：德国印象	
19	莱茵河的环境保护	219
	阅读课文：我看到的中国人的环保观念	
20	长江会不会变成第二条黄河？	231
	阅读课文：人们的新话题－环境保护	

生词表 Vokabelverzeichnis 243

材料来源 Quellenverzeichnis 279

缩写与符号 ABKÜRZUNGEN UND SYMBOLE

Adv	= Adverb
Ev	= Eigenschaftsverb
Ev*	= nichtprädikatfähiges Eigenschaftsverb
I	= Interjektion
K	= Konjunktion
Kl. Chin	= Klassisches Chinesisch
N	= Nomen
Nu	= Numerale
N/V	= als Nomen oder als Verb: 学习汉语; 汉语的学习
O	= Objekt
Ono	= Onomatopöie
P	= Pronomen
Pa	= Partikel
Präp	= Präposition
R	= Redewendung
R/Ev	= Redewendung in der Funktion eines Eigenschaftsverbes
R/N	= Redewendung in der Funktion eines Nomens
R/V	= Redewendung in der Funktion eines Verbs
S	= Subjekt
Vg	= Verbalgruppe: 睡觉 —> 睡了觉; 睡睡觉
V	= Verb ohne Objekt: 休息 —> 休息了; 休息休息
VO	= Verb mit einem Objekt: 学中文
$VO_{Präp}$	= Verb mit einem Präpositionalobjekt: 跟他见面
VO_{Ri}	= Verb mit einem Richtungsobjekt: 放在桌子上
VO_{Satz}	= Verb mit einem Satz als Objekt: 希望你来
VO_V	= Verb mit einem Verb als Objekt: 敢想。
VOO	= Verb mit zwei Objekten: 给他两本书
$VO_{Pers}O_V$	= Verb mit zwei Objekten: Person und Verb: 请他来
ZW	= Zählwort

第1课： 塞翁失马

从前有个老头儿，家住在边境附近，人们都叫他塞翁。有一回，塞翁家的一匹马跑丢了，邻居们都来安慰他。塞翁自己一点也不着急，他说："这算不了什么[1]，丢了一匹马也许是件[2]好事。"

过[3]了几天，跑丢的那匹马自己回来了，还带回来一匹千里马。邻居知道了，又来向他表示[4]祝贺。塞翁一点儿也不高兴，他说："白[5]得了一匹千里马，不一定是好事，可能会[6]惹出什么祸来。"

塞翁有个儿子，最喜欢骑马。有一天，塞翁的儿子骑着那匹千里马出去玩儿，马飞跑起来[7]，他从马上摔下来，摔断了大腿骨。邻居们听说了这件事，都来安

典型　　　　陈学君

慰塞翁。塞翁仍然不着急。他说:"这算不了什么,孩子的大腿骨摔坏了也不一定是件坏事。"

后来发生了战争。很多年轻人都被拉去当兵,不少人没有回来。塞翁的儿子因为腿摔坏了,倒[8]得到了安全。

"塞翁失马"这个成语常和"安知非福"[9]连在一起用,说明好事可能变成坏事,坏事也可能变成好事。

生词 Vokabeln

失	VO	shī	verlieren

失业 arbeitslos, 失望 enttäuscht
1)他失去了一次很好的机会。
2)他失业已经三个多月了。

边境	N (条)	biānjìng	Grenzgebiet

出境 ausreisen, 入境 einreisen

匹	ZW	pǐ	ZW für 马
丢	VO	diū	verlieren, verschwunden

1)他的中文书丢了。
2)你别把中文书丢了。

安慰	VO/N	ānwèi	trösten, Trost

1)许多朋友都来安慰他。
2)老朋友的安慰对他很重要。

算	VO	suàn	gelten, rechnen

1)我们俩算是老朋友了。
2)请你算一下,我们在南京用了多少钱。

也许	Adv	yěxǔ	vielleicht

老师也许没有时间。

表示	VO_{Präp}O	biǎoshì	ausdrücken

对etw.表示满意：他对在北京的生活表示满意。
向jm./对etw./jm.表示感谢：1）我对他的帮助表示感谢。
2）我向他表示感谢。

白	Adv	bái	umsonst

1）这本书我白买了，没有用。
2）我们白等了他两个小时。

惹祸	Vg	rě huò	Unheil stiften

他昨天惹了一场大祸。

摔	VO/V	shuāi	werfen, fallen

1）他把花瓶摔了。
2）有个小孩从桌子上摔下来了

断	Ev	duàn	brechen

1）他的笔断了。
2）谁把他的笔摔断了?

大腿	N (条)	dàtuǐ	Oberschenkel
骨	N (根)	gǔ	Knochen

骨头 Knochen，大腿骨 Oberschenkelknochen

仍然	Adv	réngrán	immer noch

同学们都走了，小王仍然坐在教室里。

发生	V	fāshēng	passieren, sich ereignen

1）发生了什么事?
2）这件事情不应该发生。

拉	VO	lā	ziehen

1）她把小车拉到门外。
2）我拉小明去跳舞。

当兵	Vg	dāng bīng	zum Militär gehen

当老师 als Lehrer tätig sein
„好男不当兵"。

倒	Adv	dào	im Gegenteil

1）我没去，他倒去了。
2）我还没坐，他倒坐了。
vgl.: 倒 dǎo: 摔倒在地上 auf den Boden fallen

得到	VO	dédào	bekommen

1）他得到同学们的很多帮助。
2）他从朋友那儿得到了一张电影票。

安全	Ev/N (种)	ānquán	sicher, Sicherheit

这里不安全，快走。

成语	N (个)	chéngyǔ	Sprichwort, Redewendung

口语 Umgangssprache

安	P	ān	wie (Kl. Chin)
非	Adv	fēi	nicht, kein (Kl. Chin)
福	N	fú	Glück
连	VO$_{Präp}$O$_{Präp}$	lián	verbinden

你别把他和我连在一起。他是他，我是我。

说明	VO	shuōmíng	zeigen, erklären

这件事我要说明一下。

好事	N (件)	hǎoshì	gute Sache
变	V	biàn	werden, sich verwandeln in

变成:
他变成了我的好朋友。

坏事	N (件)	huàishì	schlechte Sache

专有名词 Eigennamen

塞翁		Sài Wēng	alter Mann, der im Grenzgebiet lebt

语法和解释 Grammatik und Erläuterungen

1. „算不了什么" bedeutet „nicht der Rede wert sein". 算 ist ein Verb und bedeutet „gelten, zählen" oder „betrachtet werden (als)".

2. „也许是件好事": 件 ist eine Kurzform von 一件. In der Umgangssprache wird die Nummerale 一 vor einem Zählwort oft weggelassen:
   他是个好学生 = 他是一个好学生.

3. „过了几天": Das Verb 过 bedeutet in Verbindung mit Zeitdauerangaben „verbringen" oder „vergehen": 过一天/一个星期/一个月 oder 过生日，过年，过节. In Verbindung mit einem Lokalobjekt heißt es „überqueren", wie 过马路.

4. „向他表示祝贺": 表示 ist ein Funktionsverb, das mit dem nominalisierten Vollverb 祝贺 ein Funktionsverbgefüge bildet. Unter Funktionsverb wird ein Verb verstanden, dessen Bedeutung verblasst ist und das im Satz hauptsächlich grammatische Funktion trägt. Daher wird es meistens zusammen mit einem nominalisierten zweisilbigen Vollverb verwendet. Das Funktionsverbgefüge 表示 ... 祝贺 verlangt eine Präposition, entweder 向 oder 对. Sie markiert das Objekt des nominalisierten Vollverbs. Die Bedeutung des Funktionsverbgefüges entspricht der des Vollverbs, wie etwa im Deutschen „eine Gratulation aussprechen" und „gratulieren". Zum Vergleich:
   我祝贺他 = 我向他表示祝贺.

5. „白得了一匹千里马": Das Adverb 白 kann wie das deutsche „umsonst" auf zweierlei Weise gebraucht werden: a) ohne eigenes Zutun einen Vorteil erlangen, b) sich vergeblich um etwas bemühen, wie 他白干了三天.

6. „可能会惹出什么祸来": Das Modalverb 会 drückt hier eine stark subjektiv gefärbte Vermutung aus.

7. „马飞跑起来": 起来 ist eigentlich ein zusammengesetztes Komplement der Richtung. Wie einige andere zusammengesetzte Komplemente hat 起来 eine übertragene temporale Bedeutung. Es drückt einen ingressiven Aspekt (Beginn einer Tätigkeit) aus. Zum Vergleich:

1) 他站起来。(Richtung)

2) 他唱起来。(ingressiver Aspekt)

Bei einem Verb mit Objekt (transitives Verb) muss das Objekt zwischen 起 und 来 stehen:

3) 他唱起歌来。

4) 打完电话以后他看起书来。

8 „倒得到了安全": 倒 als Adverb drückt hier einen Gegensatz zum Erwarteten oder Vermuteten aus.

9 „安知非福" wird oft in Form von 塞翁失马，安知非福 verwendet. Man kann die Redewendung mit „Wer weiß schon, ob dies tatsächlich kein Glück ist?" übersetzen.

练习 Übungen

1. 课文提问 Fragen zum Text:
   (1) 塞翁丢了马以后为什么不着急？
   (2) 这匹马是怎么回来的？
   (3) 马回来以后，塞翁是怎么想的？
   (4) 塞翁的儿子是怎样摔断腿的？
   (5) 儿子的腿摔断以后，塞翁为什么又不着急？
   (6) 他儿子的腿断了，为什么倒得到了安全？
   (7) 你能说出像"塞翁失马"一样的例子(lìzi: Beispiel)吗？

2. 造句 Bilden Sie Sätze:
   (1) 附近
   (2) 丢
   (3) 安慰
   (4) 算不了什么
   (5) 过
   (6) 表示
   (7) 摔

3. 翻译 Übersetzen Sie ins Deutsche. Achten Sie dabei auf 算:
   (1) 这点作业算不了什么，我十分钟就做完了。
   (2) 每天做饭、洗衣服算不了什么，我会做好的。
   (3) 能帮助你我很高兴，这点小事算不了什么。
   (4) 他说了算什么，大家同意了才行。

4. 改变句型 Formulieren Sie die Sätze mit 表示 um:
   Beispiel: 我们祝贺你的生日。
   —> 我们对你的生日表示祝贺。
   (1) 老师同意我们去边境。
   (2) 邻居们祝贺他得了一匹千里马。
   (3) 他在晚会上非常高兴地祝贺我们。
   (4) 孩子们感谢王老师的帮助。

5. 翻译 Übersetzen Sie ins Deutsche:
   (1) 过了一个月，他才给我打了个电话。
   (2) 明天儿子过生日，我还不知道买什么给他。
   (3) 法语我学过，日语我也学过，现在都忘了。
   (4) 过马路的时候，要多看看。
   (5) 今年我想和爸爸妈妈一起过春节。

6. 组成有"起来"的句子 Formulieren Sie die Sätze mit 起来:
   (1) 吃完饭，唱
   (2) 看完书，站
   (3) 给同学介绍北京
   (4) 和小王一起做练习

7. 把"白"放在适当的地方 Setzen Sie 白 an die richtige Stelle (A, B, C oder D):
   (1) 今天 A 我 B 跑 C 了，什么人也没 D 见到。
   (2) 这次 A 玩得 B 没意思，C 花了那么多 D 钱。

Lektion 1

  (3) 我 A 忙了一个 B 小时，什么也 C 没做 D 好。

  (4) 他让 A 我 B 等了三个 C 小时，我得 D 找他。

8. 完成句子 Vervollständigen Sie die Sätze:

  (1) _____，他倒高兴了。

  (2) _____，我们倒不知道说什么了。

  (3) _____，你倒唱起来了。

  (4) _____，你倒不说话了。

  (5) _____，他倒走了。

9. 完成句子 Vervollständigen Sie die Sätze:

  (1) 他想说明一下 _____。

  (2) 我不想拉他 _____。

  (3) 前几天发生了 _____。

  (4) 丢了钱 也许 _____。

  (5) 留学生听说 _____。

  (6) 生日那天他得到了 _____。

10. 翻译 Übersetzen Sie ins Chinesische:

  (1) Ich muss kurz erklären, warum ich die gestrigen Hausaufgaben nicht zu Ende geschrieben habe. (说明)

  (2) Er hat seinen Schlüssel verloren und ist so beunruhigt, dass er nicht weiß, was er tun soll. (丢)

  (3) Trotz des Windes war es gestern nicht kalt. Heute hat der Wind aufgehört, aber es ist kalt geworden. (倒)

  (4) Ich habe eine ganze Weile vergeblich auf ihn gewartet. Erst später erfuhr ich, dass er krank ist. (白)

  (5) Die Leute nennen ihn immer „Kleiner Wang". (叫)

(6) Diese Arbeit ist doch nicht der Rede wert. Das haben wir gleich geschafft. (算不了什么)

(7) Ich habe ihm Bescheid gesagt, wann und wo wir uns treffen können.

11. 阅读课文 Lesetext:

常用汉字有多少？

有个学生问老师："老师，听说汉字有几万个，我们什么时候才能学完呢？"

老师听了，笑了笑，回答说："有人调查(1)了许多中国的现代(2)书刊(3)杂志。他们发现，不同的汉字只有6300多个，其中常用的字只有1840个，最常用的字560个。常用的字和最常用的字加(4)在一起一共才2400个。如果认识了这2400个常用和最常用的汉字，那么，中国一般书刊杂志上的字就可以认识90％了。"

学生问："要多长时间才能学完这2400个汉字呢？"

老师说："我们可以算一算。如果每天认识6个汉字，那么差不多用一年的时间，就可以认识这2400个汉字了"

学生高兴地说："太好了，没想到一年就能学好中文了。"

老师听了，笑着说："我说的是一年可以认识2400个汉字，没有说一年就可以学好中文。学中文的人都知道，常常有这样的情况：有的字你认识，也会说，可是不会写；还有这样的情况：你见到一个有两个字的词，每一个字都认识，但不知道这个词是什么意思。比如(5)说：中文里有'大人'(6)和'小人'(7)这两个词。'大人'的意思不是 'ein großer Mensch'，而是 'ein Erwachsener'；'小人'的意思不是 'ein Zwerg'，而是 'ein gemeiner Kerl'。'东西'这个词有两个意思，一个是 'Ding'，一个是 'Ost und

West'。这两个例子(8)说明，要学完 2400 个汉字不难，但是要学好汉语不容易。中国有句成语：'有志者，事竟成'(9)。我相信，你们一定能学好中文。"

生词 Vokabeln

1.	调查	diàochá	Untersuchung
2.	现代	xiàndài	gegenwärtig, modern
3.	书刊	shūkān	Bücher und Zeitschriften
4.	加	jiā	addieren
5.	比如	bǐrú	zum Beispiel
6.	大人	dàren	Erwachsene/r
7.	小人	xiǎorén	gemeiner Kerl
8.	例子	lìzi	Beispiel
9.	有志者，事竟成	yǒu zhì zhě shì jìng chéng	Wo ein Wille ist, ist auch ein Weg.

回答问题 Beantworten Sie die folgenden Fragen:

(1) 汉字有多少？
(2) 常用和最常用的汉字有多少？
(3) 学了 2400 个汉字中文就学好了，对吗？
(4) 汉字只要认识了就会写吗？
(5) "小人"是什么意思？
(6) "东西"有几个意思？
(7) "有志者，事竟成"是什么意思？

第2课： 狐假虎威

有一只老虎肚子饿了，想找一只动物吃，刚好[1]遇见一只狐狸，老虎刚要扑上去，没想到狐狸大喝一声，说："哼，你敢[2]吃我，天帝派我来当兽王，你要是吃了我，天帝不会饶你！"

老虎看着狐狸又瘦又小，不大[3]相信它的话。可是听它这么大的口气，又不敢不相信。老虎犹豫不决的样子，早让[4]狐狸看出来了。它冷笑一声，说：

"嘿嘿，你以为[5]我骗你吗？要是你不信，你就跟在我后边看吧。我走到哪儿[6]，大小野兽见了我就得逃跑。"

老虎想：这倒应该看一看。于是，狐狸大模大样地在前头走，老虎紧紧地跟在后边。山上的野羊、野猪一看见狐狸后头跟着老虎，都吓得逃跑了。老虎看了，还以为它们真害怕狐狸，没想到它们正是⁷怕自己。

"假"是"借"的意思。这个成语比喻有人借⁸别人的势力欺负人。

生词

狐狸	N (只)	húli	Fuchs
假	VO	jiǎ	leihen *(Kl. Chin)*
虎	N (只)	hǔ	Tiger
	老虎 Tiger, 虎年 Jahr des Tigers		
威	N	wēi	Macht, Stärke
	威力 Macht, Stärke		
动物	N (只)	dòngwù	Tier
	物 Suffix:		
	生物 Lebewesen, 食物 Nahrungsmittel		
刚好	Adv	gānghǎo	zufällig, gerade
	到了车站，汽车刚好来了。		
遇到	VO	yùdào	treffen
	他在车上遇到了老朋友。		
扑	V	pū	stürzen
	老虎扑向狐狸。		
喝	V	hè	schreien
	大喝一声 laut schreien		
	vgl.: 喝 hē: 喝水		
哼	Ono	hēng	schnauben

敢	VO_v	gǎn	wagen, etw. zu tun

1）老虎敢不敢吃狐狸？
2）她敢说敢做。

天帝	N (位)	tiāndì	Herrscher des Himmels

上帝 Gott

派	VO_PersOv	pài	schicken, entsenden

他想派我去中国工作。

兽王	N (位)	shòuwáng	König der wilden Tiere

国王 König

饶	VO	ráo	begnadigen, vergeben

你这么做，上帝不会饶你！

口气	N (种)	kǒuqì	Ton, Tonart

说话的口气 Tonart beim Sprechen

犹豫不决	R/V	yóuyù bù jué	unentschlossen sein

去不去参加舞会，他犹豫不决。

冷笑	V	lěngxiào	grinsen; sarkastisch, kühl lachen

好笑 lächerlich, 玩笑 Witz
他冷笑一声，什么也不说。

以为	VO_Satz	yǐwéi	glauben, meinen

1）我以为你是北京人呢。
2）你别以为别人不知道。

嘿	I	hēi	He! Hallo!
跟	V/VO_v	gēn	folgen

1）请你跟我走。
2）小王跟了老张三年。
3）他说得太快，我跟不上。

野兽	N (只)	yěshòu	wildes Tier
逃跑	V	táopǎo	fliehen

一看见老虎，动物都逃跑了。

于是	Adv	yúshì	daraufhin, dann

大模大样	R/Ev	dà mó dà yàng	prahlerisch
	他大模大样地在前头走着，我在后头跟着。		
紧紧	Adv	jǐnjǐn	dicht, fest, eng
	狗紧紧地跟着他。		
野羊	N (只)	yěyáng	Wildziege
野猪	N (头)	yězhū	Wildschwein
吓	VO	xià	abschrecken
	1）你别吓我。		
	2）老虎把动物吓跑了。		
害怕	VO	hàipà	Angst haben, fürchten
	1）孩子害怕天黑。		
	2）你不用害怕这只狗。		
比喻	VO$_{Präp}$O/N	bǐyù	vergleichen, Metapher
	1）人们用天堂(tiāntáng: Paradies)比喻苏州。		
	2）这样的比喻不好听。		
势力	N(种)	shìli	Kraft
	进步势力 fortschrittliche Kräfte		
欺负	VO	qīfu	schikanieren
	谁敢欺负你?		

语法和解释

1. „刚好遇见一只狐狸" heißt „zufällig einen Fuchs treffen". 刚好 hat die Bedeutung von „unerwartet", „gerade" und „zufällig":
   我去找他，他刚好不在。

2. „你敢吃我": 敢 als Verb bedeutet „wagen", „sich trauen zu". Es verlangt eine nachfolgende Verb-Objekt-Konstruktion:
   你敢骑马吗？

3. „不大相信他的话": 不大 ist ein Adverb und entspricht im Deutschen „nicht so sehr". Es ist schwächer als 不 und 很不.

4 „早让狐狸看出来了": 让 ist hier kein Verb, sondern eine Präposition zur Markierung einer Passivkonstruktion wie 被. 让 als Verb unterscheidet sich von 让 als Präposition wie folgt:

als Verb (Bedeutung: lassen)

1) 妈妈让他修自行车。 Die Mutter ließ ihn das Fahrrad reparieren.

als Präposition (entspricht „von" im Deutschen)

2) 自行车让他修好了。Das Fahrrad wurde von ihm repariert.

5 „你以为我骗你吗?" heißt „Denkst du, dass ich dich anlüge?". Im Unterschied zu 认为 drückt man mit 以为 eine Annahme aus, die sich als nicht richtig oder falsch erweist:

是你啊! 我还以为你今天不来了呢。

6 „我走到哪儿，大小野兽见了我就得逃跑": 哪儿 ist hier kein Fragewort, sondern ein Indefinitpronomen. Es bedeutet „überall" oder „egal, wo" und wird oft mit 都 verwendet:

1) 那封信哪儿都找不到。 Den Brief kann man nirgendwo finden.

2) 你上哪儿我们就上哪儿。 Wir gehen dorthin, wo du hingehst.

7 „它们正是怕自己" bedeutet „sie fürchten genau ihn selbst". 正是 ist ein Adverb und hat die Bedeutung von „genau" oder „ausgerechnet":

这正是我要的书。 Das ist genau das Buch, das ich brauche.

8 „借别人的势力" bedeutet „die Stärke der anderen nutzen".

练习

1. 课文提问 Fragen zum Text:
   (1) 老虎为什么没有扑到狐狸身上?
   (2) 老虎为什么不敢不相信狐狸的话?
   (3) 狐狸要老虎干什么?
   (4) 大小野兽看见狐狸以后怎么样?
   (5) 老虎是怎么想的?
   (6) 这个成语故事说明什么?

Lektion 2

2. 造句 Bilden Sie Sätze:
   (1) 遇见
   (2) 刚要
   (3) 敢
   (4) 派
   (5) 相信
   (6) 骗
   (7) 以为
   (8) 害怕
   (9) 跟

3. 完成句子 Vervollständigen Sie die Sätze:
   (1) 我想 _____。
   (2) 我觉得 _____。
   (3) 我认为 _____。
   (4) 我以为 _____。
   (5) 我看 _____。
   (6) 我相信 _____。

4. 翻译 Übersetzen Sie ins Deutsche. Achten Sie auf die unterschiedlichen Funktionen von 刚:
   (1) 我刚要骑自行车走，他跑来了。
   (2) 他送给我的小说刚好是我想看的。
   (3) 狐狸刚要说话，看见了老虎。
   (4) 我刚到柏林，一个人也不认识。
   (5) 对不起，他刚才忘了安慰你了。
   (6) 他儿子今年刚好十岁。
   (7) 她女儿刚十岁。

5. 选择正确的词 Setzen Sie das richtige Wort ein:
   (1) 他（　　）北京人比上海人多。（以为，认为）
   (2) 我（　　）写汉字不容易。（以为，认为）
   (3) 邻居们（　　）塞翁会很着急，都去安慰他。（以为，认为）
   (4) 王小新（　　）当好一个翻译很难。（以为，认为）

6. 转换句型 Formulieren Sie die Sätze mit den Ausdrücken in Klammern um:
   Beispiel: 我去检查身体。(不敢)
   —> 我不敢去检查身体。
   (1) 高先生，做他喜欢吃的菜。(不敢让我)
   (2) 晚上我喝咖啡。我怕睡不着觉。(不敢)
   (3) 邻居，去向他表示祝贺。(派我)
   (4) 他，开车去医院。(不敢让我)
   (5) 公司，去那里工作。(不敢派他)

7. 选择 Entscheiden Sie, wo man 跟 durch 和 ersetzen kann:
   (1) 你就跟着我走吧。
   (2) 老师跟学生们一起过春节。
   (3) 他跟了你十年，你还不知道他？
   (4) 我跟他都是北京人。

8. 翻译 Übersetzen Sie ins Deutsche:
   (1) 我怕他今天回不来。
   (2) 很多年轻人害怕去当兵。
   (3) 我什么也不说，你别怕。
   (4) 这件事虽然没做好，但你不用害怕。

9. 选择 Unterscheiden Sie, ob 让 ein Verb 动词 oder eine Präposition 介词 ist:
   (1) 让他明天为我买张电影票吧。（动词，介词）
   (2) 他的自行车让一个朋友骑走了。（动词，介词）

(3) 老师让我把那个句子翻译成汉语。（动词，介词）

(4) 那张邮票让我送给小王了。（动词，介词）

10. 翻译 Übersetzen Sie ins Deutsche:
    (1) 看不出来，她的汉语说得那么好。
    (2) 他这个人怎么样，我早看出来了。
    (3) 没想到，老虎不敢吃狐狸。
    (4) 他不想去当兵，我早想到了。
    (5) 放假了，我想找几本书看看。
    (6) 失业三个月了，他想找工作干。

11. 翻译 Übersetzen Sie ins Chinesische:
    (1) Er mag es nicht so sehr, mit dem Pinsel zu schreiben. (不大)
    (2) Ich möchte nicht so gerne morgens zum Unterricht gehen. (不大)
    (3) Ich habe geglaubt, das sei mein Schlüssel. (以为)
    (4) Glaub' bloß nicht, dass du mich reinlegen kannst. Ich weiß schon alles. (以为, 骗)
    (5) Das ist genau die Zeitschrift, die ich brauche. (正是)
    (6) Sie hat Angst davor, dick zu werden, und isst jeden Tag sehr wenig. (怕)
    (7) Es sieht nicht so aus, als ob er schon pensioniert sei. (看不出来)
    (8) Nach einem Jahr wurde er von der Firma nach Frankreich geschickt. (派)

12. 阅读课文 Lesetext:

一个电大生(1)的日记(2)

星期一，上班。上午七点送可可(3)上幼儿园，八点到办公室。先看了昨天的报纸，又看了今天的报纸。中午休息以后复习昨天的课文。三点钟累了，一边休息一边干了点工作。五点钟下班，去商店买了点东西。

星期二，上午下午都有课。上午文天(4)请我和他一起去看一个英国电影。没办法，电大的三堂(5)课只好不去上了。下午听课。晚上和园园(6)去音乐厅(7)听音乐。

星期三，上班。上午打了几个电话，下午复习了昨天听的课。

星期四，上班。一个中学的好朋友来看我。好多年没见，他变了很多。下午和园园去火车站接她姐姐。

星期五，上下午都有课。下午电大办公室把考试成绩通知(8)了我们。我语文六十一，英语六十八。园园说我学习努力，考试成绩不错，晚上给我做了好几个菜，园园真是个好妻子。

星期六，上班。上午看了这个星期的报纸和杂志。下午去幼儿园接可可。

星期日，今天是可可的生日，和园园带可可去儿童乐园(9)玩了几个小时。今天的生日蛋糕(10)太好吃了。园园和可可都吃了不少。可是这种蛋糕糖太多，园园已经五十六公斤了，以后不能多吃糖了。

生词

1.	电大生	diàndàshēng	Fernstudent (jemand, der ein Fernstudium mit Hilfe des Fernsehens absolviert)
2.	日记	rìjì	Tagebuch
3.	可可	Kěkě	Keke (Personenname)
4.	文天	Wéntiān	Wentian (Personenname)
5.	堂	táng	ZW für 课
6.	园园	Yuányuán	Yuanyuan (Personenname)

7.	音乐厅	yīnyuètīng	Musikhalle
8.	通知	tōngzhī	mitteilen
9.	儿童乐园	értóng lèyuán	Kinderparadies
10.	蛋糕	dàngāo	Kuchen

判断对错 Beurteilen Sie die folgenden Aussagen aufgrund des Textes:

(1) 星期一上午，这位电大生工作很忙。(对，错)

(2) 星期二下午没课，他就和朋友一起去看电影了。(对，错)

(3) 园园一个人去火车站接她的姐姐。(对，错)

(4) 他的考试成绩不太好，但妻子说他学习努力。(对，错)

(5) 园园带可可去公园，他没有时间去。(对，错)

(6) 他觉得园园太重了，不能多吃糖了。(对，错)

第3课： 图宾根大学

图宾根大学建立于1477年[1]，是德国最古老的大学之一，具有悠久的传统。哲学家黑格尔、文学家荷尔德林等曾经[2]在这里学习或者工作过。因为图宾根大学对图宾根市具有非常重要的意义，所以图宾根人喜欢说："图宾根没有大学，因为图宾根就是大学。"

图宾根大学有将近40000名学生。由于人多，学习条件不像[3]以前那么好了。有些专业，像经济学、法学和德国语言文学专业，上课的时候，教室里往往[4]人山人海，许多学生不得不[5]站着或者坐在地上，一边听课一边做笔记。大学的住房情

1990年：德国西部大学的学生打工挣的钱只能付房租

地方	挣的钱	房租	余钱
柏林 Berlin	663	347	316
法兰克福 Frankfurt	552	382	200
汉堡 Hamburg	539	394	145
波恩 Bonn	453	325	128
美因茨 Mainz	432	329	103
平均数 Durchschnitt	410	322	88
科隆 Köln	427	351	76
慕尼黑 München	432	367	65
图宾根 Tübingen	375	318	57
弗莱堡 Freiburg	318	306	-12
亚琛 Aachen	323	267	-56

况也很紧张⁶，因为学生宿舍只能住下⁷4500名学生。吃饭的时候，食堂里人很多，有时候要排很长的队。

图宾根市不大，但文化生活十分丰富。这里有九家电影院和两家剧院，还有将近40家传统的大学生酒馆。晚上，学生们上完讲座或讨论课以后，常常去小酒馆，一边喝酒一边聊天。天气好的时候，学生们喜欢到奈卡河边或植物园里，晒着太阳看书。

德国大学虽然不收学费，但生活费必须自己付。图宾根市位于德国最富的地区之一，可以向大学生提供多种多样的打工机会⁸。学期中，学生们可以去大学生酒馆干活儿；假期时，可以到附近的中小企业去工作。最受欢迎的还是奔驰汽车厂⁹，因为那里的工资最高。

图宾根虽然城市小，但是学习气氛浓厚、文化生活丰富，是最受学生欢迎的大学城之一。

生词

建立　　　VO　　　jiànlì　　　gründen
　　　　1) 北大是什么时候建立的？
　　　　2) 北大是一百年前建立的。

于	Präp	yú	in

1）汉堡大学建立于一九一九年。
2）小谢于1960年生于西安。

具有	VO	jùyǒu	besitzen

具有重要意义 (yiyì) von großer Bedeutung sein
具有很长的历史 eine lange Geschichte haben

传统	N (个)	chuántǒng	Tradition

悠久的传统 lange Tradition

哲学家	N (位)	zhéxuéjiā	Philosoph
等	Adv	děng	usw.
曾经	Adv	céngjīng	früher einmal, einst

他曾经在这儿学习过。

由于	Präp	yóuyú	weil

由于天不好，他们不能在外面打球。

将近	Adv	jiāngjìn	ungefähr, fast

他工作了将近十个小时。

条件	N (种)	tiáojiàn	Bedingung, Voraussetzung

学习条件 Studienbedingung, 工作条件 Arbeitsbedingung

专业	N (种)	zhuānyè	Fach

我们的专业是汉学。

法学	N	fǎxué	Rechtswissenschaft
往往	Adv	wǎngwǎng	meistens, oft

你打电话往往找不到他。

人山人海	R/V	rén shān rén hǎi	voll von Menschen

教室里人山人海。

不得不	R	bùdébù	müssen (gezwungen sein)

老虎不得不跟在狐狸后头。

笔记	N	bǐjì	Notiz

他用中文做笔记。

住房	N	zhùfáng	Wohnung

紧张	Ev	jǐnzhāng	angespannt, nervös, spannend

1）这个城市的住房情况很紧张。
2）考试前，不少同学很紧张。
3）这部电影非常紧张。

排队	Vg	pái duì	Schlange stehen

1）买票的人请排队。
2）他排了两个小时的队才买到票。

十分	Adv	shífēn	sehr

考试前有的人十分紧张。

丰富	Ev	fēngfù	reich, vielfältig

北京的文化生活十分丰富。

剧院	N (家)	jùyuàn	Theater

歌剧院 Opernhaus

讲座	N (个)	jiǎngzuò	Vorlesung

听讲座 Vorlesung hören

讨论课	N (堂)	tǎolùnkè	Seminar (Unterrichtsform)
聊天	Vg	liáo tiān	plaudern

北京人在一起喜欢聊天。

植物园	N (座)	zhíwùyuán	botanischer Garten

植物 Pflanzen

晒太阳	Vg	shài tàiyáng	sich sonnen

1）很多人喜欢晒太阳。
2）太阳太晒了。

收	VO	shōu	erhalten, kassieren

收信 einen Brief erhalten, 收钱 Geld kassieren

付	VO	fù	zahlen

付钱 Geld zahlen, 付学费 Studiengebühr zahlen
在德国上大学不用付学费。

富	Ev	fù	reich, Geld haben

富有 reich: 很富有的城市, 富人 reiche Leute

提供	VO_Präp O	tígōng	liefern

给 ... 提供条件　jm. bestimmte Bedingungen bieten
中文系给学生们提供了很好的学习条件。
给 ... 提供帮助　jm. Hilfe leisten
朋友们给他提供了不少帮助。

多种多样	Ev	duō zhǒng duō yàng	verschieden, sehr viel
企业	N (家)	qǐyè	Betrieb, Unternehmen

企业家 Unternehmer

受	VO	shòu	erhalten

这本小说很受欢迎。

奔驰	V	bēnchí	rasen

奔驰汽车 Mercedes-Benz

气氛	N (种)	qìfēn	Atmosphäre

工作气氛 Arbeitsatmosphäre

浓厚	Ev	nónghòu	dicht, stark

浓厚的兴趣 starkes Interesse

专有名词

图宾根	Túbīngēn	Tübingen
黑格尔	Hēigé'ěr	G.W. F. Hegel (1770–1831)
荷尔德林	Hé'ěrdélín	F. Hölderlin (1770–1843)
奈卡河	Nàikǎhé	Neckar

语法与解释

1. „图宾根大学建立于1477年": 于 ist eine Präposition und von der Bedeutung her ähnlich wie 在. Anders als 在 steht 于 oft hinter dem Prädikat. Man vergleiche:
   1) 大学建立于1900年。
   2) 老王生于1935年。

2 „曾经在这里学习过": 曾经 ist ein Adverb und bedeutet „früher". Es steht oft in Verbindung mit der Partikel 过, während 已经 oft mit der Partikel 了 zusammen verwendet wird:

1) 他曾经去过北京。Er ist früher schon mal in Beijing gewesen.

2) 他已经去北京了。Er ist nach Beijing gegangen.

3 „学习条件不像以前那么好了": 像 heißt „ähnlich wie", 不像 heißt „nicht ähnlich wie", „anders als":

1) 他像我一样努力 ＝ 他跟我一样努力

2) 他不像我那么努力 ＝ 他没有我那么努力

4 „教室里往往人山人海": 往往 als Adverb hat eine ähnliche Bedeutung wie „meistens" im Deutschen. Im Unterschied zu 常常, ist es weniger intensiv und darf nicht für die Zukunft verwendet werden:

他想的往往跟我不一样。

5 „不得不" ist eine Modalverb-Konstruktion. Solche doppelten Verneinungen sind stärker als 必须 und betonen die Notwendigkeit oder den Zwang, etwas zu tun:

没钱了，他不得不去打工。

6 „住房的情况也十分紧张": 紧张 ist ein Eigenschaftsverb und hat mehrere Bedeutungen, die im Deutschen mit „spannend" oder „angespannt, unruhig" wiedergegeben werden können:

1) 这场足球赛非常紧张。

2) 今天我第一次工作，有一点紧张。

7 „学生宿舍只能住下4500名学生": 下 ist hier ein Komplement und verweist auf die Kapazität. Dies kann ausgedrückt werden durch a) 能＋V＋下 oder – fast gleichbedeutend – b) V＋得＋下：

1) 电影院坐得下500人。

2) 电影院能坐下500人。

8 „向大学生提供多种多样的打工机会": Das Verb 提供 verlangt Ergänzungen mit konkreter oder abstrakter Bedeutung. Die Person, die davon profitiert, wird mit der Präposition 给 oder 向 eingeleitet:

1) 给/向(jm) ... 提供条件 (abstrakt)
2) 给/向(jm) ... 提供帮助 (abstrakt)
3) 给/向(jm) ... 提供书 (konkret)

9 „最受欢迎的还是奔驰汽车厂" heißt „die beliebteste (Fabrik) ist trotz allem die Firma Mercedes-Benz". 受 ist im Chinesischen ein Verb mit der Bedeutung „erhalten" oder „erleiden". In der Übersetzung wird eine Konstruktion mit 受 oft durch das Passiv wiedergegeben:

受欢迎：电影很受欢迎。Der Film war sehr beliebt.

受教育：他们受了很好的教育。Sie haben eine sehr gute Ausbildung.

练习

1. 课文提问 Fragen zum Text:
   (1) 为什么说图宾根大学具有悠久的传统？
   (2) 图宾根大学的学习条件怎么样？
   (3) 住房的条件怎么样？
   (4) 学生打工的条件怎么样？
   (5) 图宾根的文化生活怎么样？
   (6) 图宾根为什么是最受欢迎的大学城之一？
   (7) 你想去图宾根大学学习吗？为什么？

2. 造句 Bilden Sie Sätze:
   (1) 具有
   (2) 将近
   (3) 往往
   (4) 紧张
   (5) 提供
   (6) 不得不

3. 回答问题 Beantworten Sie die Fragen mit 不得不 und den Sätzen in Klammern:
   (1) 他没钱了怎么办？（他去打工）
   (2) 教室里都是人怎么办？（我站着上课）

Lektion 3

(3) 没有汽车了怎么办？（他走回家）
(4) 今天没人做饭怎么办？（我自己做饭）

4. 填写正确的词 Setzen Sie 必须，应该 oder 不得不 ein:
   (1) 自行车坏了，他 _____ 走路到学校。
   (2) 他没听懂，我 _____ 帮助他。
   (3) 学生宿舍住满(mǎn: voll)了，她 _____ 住在家里。
   (4) 你 _____ 到图书馆去学习，那儿人少。
   (5) 教室里人多，很多人 _____ 坐在地下。

5. 填写正确的词 Setzen Sie 曾经 oder 已经 ein:
   (1) 她 _____ 骑过马，现在不敢骑了。
   (2) 我 _____ 给他打了三次电话了。
   (3) 狐狸 _____ 骗过老虎，老虎不相信它了。
   (4) 这个公园我们 _____ 来过一次。

6. 转换句型 Formulieren Sie um:
   Beispiel: 我写字不像他写得那么快。
        —> 1. 我写字没有他写得 那么快。
             2. 他写字比我写得快。
   (1) 小王不像小张那么着急。
   (2) 我打工打得不像他那么多。
   (3) 小明得到的信不像小花那么多。
   (4) 她在考试前不像我那么紧张。

7. 转换句型 Formulieren Sie die Sätze mit dem Komplement 下 um:
   Beispiel: 房间里睡着十个人。
        —> 房间里睡得下 十个人。
   (1) 汽车里睡着两个人。
   (2) 宿舍里住着二十个人。

(3) 火车上站着一百个人。
(4) 有五十个人坐在图书馆里。

8. 翻译 Übersetzen Sie ins Deutsche:
   (1) 看这部电影的时候，我紧张极了。
   (2) 大城市的住房情况一般都很紧张。
   (3) 这场足球比赛一定非常紧张。
   (4) 考试前，教室里的气氛很紧张。
   (5) 水很紧张，少用点儿。

9. 转换句型 Formulieren Sie die Sätze mit 受 ... 欢迎 um:
   Beispiel: 大学生最喜欢这部电影。
   —> 这部电影最受大学生们的欢迎。
   (1) 学生们最喜欢这个老师上课。
   (2) 人们非常喜欢广东的水果。
   (3) 他们最喜欢的是八点的节目。
   (4) 日本人很喜欢慕尼黑的"啤酒节"。

10. 造句 Bilden Sie Sätze:
    (1) 提供很多的帮助 （邻居，我）
    (2) 提供很好的条件 （北京大学，学生）
    (3) 提供很多的打工机会（这家公司）

11. 翻译 Übersetzen Sie die Sätze:
    (1) Er hat mir sehr geholfen. Ich muss ihm dafür danken. (提供)
    (2) Unsere Bibliothek bietet uns sehr gute Bedingungen zum Studium.
    (3) Der Hafen (港口 gǎngkǒu) ist für die Stadt Hamburg von großer Bedeutung. (具有)
    (4) Da die Studienbedingungen nicht mehr so gut sind, gibt es viele Studenten, die länger als sechs Jahre lang studieren müssen.

Lektion 3

(5) Ich jobbe normalerweise 16 Stunden pro Woche. In den Ferien muss ich länger arbeiten. (打工)

(6) Was die Studenten in Tübingen am meisten schätzen, ist die tolle Atmosphäre. (最受 ... 欢迎)

12. 写短文 Schreiben Sie einen kurzen Text über Ihr Studium:
学习条件
生活情况
业余生活

13. 阅读课文 Lesetext:

吃 面 条(1)

上大学时，同学们差不多每天晚上都要到学校门口的小吃店(2)去吃面条。

有一次，我们几个人没有钱，几个晚上都没吃面条了。大家一商量(3)，决定(4)让有钱但又很节省(5)的小林请客。小林一听，想了一下，说："行！"大家马上高兴地说："太好了，今天小林请客！"小林好像有点后悔(6)，但没有再说什么。

到了小吃店，小林对我们说："我吃菜面就行了，你们呢？"菜面便宜，他以为这样一说，大家一定会和他一样吃菜面。我和小李都要了菜面，但是没想到老王却说："那我就不客气了，来碗三鲜面(7)吧。"吃面条时，我们几个说这说那，小林一句话也不说。吃完后出了小吃店，我们都大笑起来。

后来我们才知道，小林正好那个月为女朋友买了一件衬衫(8)和一条裙子，剩下(9)的钱准备买书，却被我们"吃"了。

现在，同学们分手(10)已经很长时间了，但谁也忘不了校门口的那个小吃店，更忘不了那天晚上的面条。

生词

1. 面条　　　miàntiáo　　　　Nudeln
2. 小吃店　　xiǎochīdiàn　　　Imbiss
3. 商量　　　shāngliang　　　besprechen, diskutieren
4. 决定　　　juédìng　　　　 beschließen
5. 节省　　　jiéshěng　　　　sparsam
6. 后悔　　　hòuhuǐ　　　　　bereuen
7. 三鲜面　　sānxiānmiàn　　　Nudeln mit drei Delikatessen
8. 衬衫　　　chènshān　　　　Hemd, Bluse
9. 剩下　　　shèngxia　　　　übrig bleiben
10. 分手　　　fēn shǒu　　　　sich trennen

回答问题 Beantworten Sie die folgenden Fragen:
(1) 同学们上哪儿去吃面条？
(2) 是小林自己要请客的吗？
(3) 小林为什么说他要吃菜面？
(4) 大家要的都跟小林一样吗？
(5) 小林的钱是准备干什么的？

第4课： 留学南京

学汉学的学生都希望能去中国留学。可是，去哪儿好呢？让我们来看看南京大学[1]，怎么样？

南京大学外国留学生招生简章

南京是中国著名的历史古城，风景秀丽，古迹众多，是江苏省的政治、经济和文化中心。

南京大学是中国著名的重点大学，也是中国历史最悠久的大学之一。目前，南京大学有10个学院、36个系，大约17000名学生。

南京大学留学生部，是专门培养外国留学生的地方。在这里，留学生以学习汉语为主[2]，也可以学习历史、哲学、经济和艺术等。留学生分成小班上课，练习的机会很多。每年1月和5月，学生们都可以在这里参加"汉语水平考试"。

南京大学的留学生都知道"西苑"，也就是[3]西苑国际学生公寓。西苑是一座大楼，有十几层高，是留学生居住和学习的地方。这里有餐厅、咖啡厅、洗衣房和图书室。西苑离市中心鼓楼很近，那儿有银行、书店、百货商店、饭店和邮局，也有电影院和公园。

每年的9月1日，是南京大学新学年开始的日期。9月1日到5日，新生报到和注册[4]。报到注册时，别忘了把护照、"录取通知书"、健康证明和6张照片带上[5]。6日到10日，老师向留学生介绍中国的有关法律和学校的有关规定[6]。这样，你就知道什么可以做、什么不可以做了。到了学校以后，别忘了复习汉语，因为要进行汉语水平测验。考完试以后分班，根据汉语水平的高低分成不同的班[7]。9月11日开始上课。

对一个留学生来说[8]，跟中国同学的交往十分重要。在这方面，南京大学的条件很不错。这里有学德国语言文学的学生，也有学德国法律的学生。他们对德国很感兴趣，喜欢跟德国同学交往。你如果愿意的话⁹，很快就可以交很多朋友。

你想去南京大学留学吗？想去的话，别忘了带上它的地址：中国南京金银街20号南京大学留学生部。

生词

著名	Ev	zhùmíng	berühmt
	有名 bekannt		
风景	N (种)	fēngjǐng	Landschaft
秀丽	Ev	xiùlì	schön
	美丽 schön		
古迹	N	gǔjì	historische Sehenswürdigkeiten
众多	Ev	zhòngduō	zahlreich
	大众 Massen, 观众 Zuschauer		
重点	N (个)	zhòngdiǎn	Schwerpunkt
	重点大学 Schwerpunkt-Universität		
	工作重点 Schwerpunkt der Arbeit		
目前	Adv	mùqián	gegenwärtig
学院	N (个)	xuéyuàn	Fachbereich, Institut, Hochschule
大约	Adv	dàyuē	ungefähr
	vgl.: 大约20个人，将近20个人，差不多20个人		
	20个人左右，20个人上下，		
部	N (个)	bù	Abteilung, Ministerium
	留学生部 Abteilung für Auslandsstudenten		
	农业部 Ministerium für die Landwirtschaft		
专门	Ev	zhuānmén	extra, speziell

培养	VO	péiyǎng	ausbilden
	中文系培养了不少汉学家。		
以...为主	R/V	yǐ ... wéi zhǔ	als Hauptsache betrachten, hauptsächlich
	1）他现在以学习为主。		
	2）现在他以打工为主。		
艺术	N (种)	yìshù	Kunst
	美术 bildende Kunst		
根据	Präp	gēnjù	aufgrund
	根据你的介绍，他想去公司工作。		
分(成)	VO$_{Präp}$O	fēn (chéng)	einteilen
	1）他把朋友分成两种。		
	2）我把巧克力(qiǎokèlì, Schokolade)分成三块。		
国际	Ev*	guójì	international
	国内国外（国内外）im In- und Ausland		
公寓	N (座)	gōngyù	Apartmenthaus
层	ZW	céng	ZW für 楼
居住	V	jūzhù	wohnen
	居民 Einwohner		
	他在上海居住过。		
洗衣房	N (间)	xǐyīfáng	Waschraum
百货商店	N (家)	bǎihuò shāngdiàn	Warenhaus
学年	N (个)	xuénián	Studienjahr
	学期 Semester		
报到	Vg	bào dào	sich anmelden
	他已经报过到了。		
注册	VO/N	zhùcè	immatrikulieren, Immatrikulation
	1）他注册了法文系。		
	2）他在法文系注册了。		
护照	N	hùzhào	Pass

录取	VO	lùqǔ	aufnehmen, zulassen

北京大学录取了他。

通知书	N (张)	tōngzhīshū	Mitteilungsschreiben

通知:
老师通知学生明天不上课。

证明	N/VO$_{Satz}$	zhèngmíng	Bestätigung, bestätigen

健康证明 Gesundheitszeugnis
这件事证明他说得对。

有关	Adv	yǒuguān	betreffend

有关老师 Lehrer, die damit zu tun haben
这次考试跟分班有关。

测验	N/VO	cèyàn	Test, testen
交往	VO$_{Präp}$/N	jiāowǎng	verkehren, umgehen

跟 … 交往:
1) 他跟外国商人交往很多。
2) 他跟外国商人的交往不少。

法律	N	fǎlǜ	Jura

律师 Rechtsanwalt

交朋友	Vg	jiāo péngyou	Freundschaft schließen

跟 … 交朋友:
我想跟他交个朋友。

街	N (条)	jiē	Straße

上街 zum Einkaufen gehen

专有名词

江苏省	Jiāngsū shěng	Provinz Jiangsu
西苑	Xīyuàn	*Ortsname*
鼓楼	Gǔlóu	Trommelturm

语法和解释

1. „让我们来看看南京大学，怎么样？": Mit dem Verb 让 und dem Fragepronomen 怎么样 kann man eine höfliche Aufforderung ausdrücken. Die deutsche Entsprechung dafür ist „Wie wär's, wenn ...?":
让我们参观汽车厂，怎么样？

2. „留学生以学习汉语为主": 以 in 以 ... 为主 ist eine Präposition. Es kann ein Nomen oder eine Verbalkonstruktion als Präpositionalobjekt verlangen:
1) 中文系图书馆的书以中文书为主。
2) 这家书店以卖外文书为主。

3. „南京大学的留学生都知道'西苑'，也就是西苑国际学生公寓": 也就是 dient zur näheren Beschreibung und entspricht „nämlich" im Deutschen.

4. „新生报到和注册": 注册 kann mit oder ohne Objekt verwendet werden:
1) 我注册法律系。
Ich lasse mich in der Fakultät für Jura immatrikulieren.
2) 我在法律系注册了。
Ich habe mich in der Fakultät für Jura immatrikuliert.
3) 我注册了。
Ich bin immatrikuliert.

5. „别忘了把护照 ... 6张照片带上": 上 ist hier ein Komplement mit der Bedeutung, dass etwas zustande kommt. Es ist hier im Zusammenhang mit der 把-Konstruktion erforderlich:
1) 他带护照。
2) 他把护照带上。

6. „老师向留学生介绍中国的有关法律和学校的有关规定": Das Adverb 有关 bedeutet „mit etwas zu tun haben". Es entspricht dem deutschen „betreffend":
跟这件事有关的人请不要走。

7. „根据汉语水平的高低分成不同的班": 根据 ist eine Präposition und entspricht im Deutschen „aufgrund" oder „gemäß". Es kann ein Nomen oder nominalisiertes Verb als Objekt verlangen:

1）根据你的介绍我想听这个老师的讲座。
2）大学根据不同的情况让不同的老师上课。

8 „对一个留学生来说": 对 ... 来说 ist eine Redewendung und entspricht im Deutschen „für jn." oder „was ... betrifft". Im Satz fungiert es als eine Adverbialbestimmung:

1）对图宾根来说，大学非常重要。
2）对留学生来说，知道有关的法律很重要。

9 „你如果愿意的话，": 如果 ... 的话 ist eine zweiteilige Konjunktion und hat die gleiche Bedeutung wie 如果, ist aber mehr umgangssprachlich. Man kann auch 要是 ... 的话 oder einfach ... 的话 sagen:

1）你如果有兴趣的话，...
2）你要是有兴趣的话，...
3）你有兴趣的话，...

练习

1. 课文提问 Fragen zum Text:
    (1) 什么叫"重点大学"？
    (2) 报到的时候需要带什么？
    (3) 报到注册的那一天开始上课，对吗？
    (4) 什么叫"学校的有关规定"？
    (5) 为什么要跟中国同学交往？
    (6) 哪些中国学生对德国很感兴趣？
    (7) 你想去南京大学学习吗？

2. 造句 Bilden Sie Sätze:
    (1) 专门
    (2) 以 ... 为主
    (3) 注册
    (4) 有关
    (5) 根据

(6) 交往
(7) 交朋友
(8) 如果 ... 的话

3. 回答问题 Beantworten Sie die Fragen mit 怎么样:
   Beispiel: 你们明天几点钟开车？
          —> 我们明天八点钟开车，怎么样？
   (1) 你们什么时候去中国留学？
   (2) 你们怎么去中国留学？
   (3) 你们几个人去留学？
   (4) 你们去什么地方留学？

4. 完成句子 Vervollständigen Sie die Sätze:
   (1) 如果有辆车的话，_____。
   (2) 如果这门课没有意思的话，_____。
   (3) 你要是想打工的话，_____。
   (4) 要是你不愿意的话，_____。
   (5) 你不相信的话，_____。

5. 组成有"以 ... 为主"的句子 Bilden Sie Sätze mit 以 ... 为主:
   Beispiel: 留学生学习很多。汉语最多。
          —> 留学生以学习汉语为主。
   (1) 中文系图书馆有很多书。中文书最多。
   (2) 看这部电影的人很多。小学生最多。
   (3) 我打工。在假期里打工最多。
   (4) 他做作业。在家做作业最多。

6. 翻译 Übersetzen Sie ins Deutsche. Achten Sie auf 有关 und 根据:
   (1) 明天讨论一个重要问题，请有关同学参加。
   (2) 有关分班的问题请听通知。

Lektion 4

(3) 跟旅行有关的书他会送给我们的。
(4) 我们根据人数的多少做饭。
(5) 根据他说的情况，你的血压可能有点高。
(6) 根据学校的规定，放假时才可以打工。

7. 把"专门"放在适当的地方 Setzen Sie 专门 an die richtige Stelle:
(1) A 一个朋友 B 病了，我 C 昨天 D 去医院看了他。
(2) 这个学生 A 去 B 老师那儿，把问题说明 C 了 D 一下。
(3) A 这几年 B 他 C 翻译 D 中国小说。
(4) 小张 A 向 B 客人介绍 C 公司的 D 情况。

8. 填上正确的词 Füllen Sie die Lücken mit 根据, 除了 oder 由于:
(1) 天这么好，_____ 晒太阳，我什么也不想干。
(2) _____ 路太远，他每天很早就要起来。
(3) _____ 你说的情况，我觉得那个同学应该去。
(4) _____ 老师没来，我们昨天没有上课。
(5) _____ 雪，地上什么也看不到。
(6) _____ 公司的要求(yāoqiú: Forderung)，工人们多干了一个小时。

9. 翻译 Übersetzen Sie ins Chinesische:
(1) Er hat fast jeden Tag Kontakt mit deutschen Freunden und kann deshalb schon sehr gut Deutsch sprechen. (交往)
(2) Xiao Wang hat sich zwar im Fach Wirtschaft immatrikuliert, sein Interesse liegt aber in der Philosophie. (注册)
(3) Es ist nicht sehr schwer, Freundschaft zu schließen. Einen richtigen Freund zu finden ist aber nicht einfach. (交朋友)
(4) Nach einer Bestimmung des Chinesischen Seminars dürfen Studenten kein Buch ausleihen. (根据 ... 规定)
(5) Wenn du Lust hast, können wir uns zusammen das heutige Fußballspiel anschauen. (如果 ... 的话)

(6) Sein Bruder wurde von der berühmten Peking-Universität aufgenommen. Darüber freut sich die ganze Familie. (录取)

10. 写短文 Schreiben Sie einen kurzen Text darüber, wo Sie in China studieren möchten.

11. 阅读课文 Lesetext:

"研究研究" (1)

来到中国，经常听到"研究研究"这句话。开始我觉得很奇怪，听多了也就习惯了。

刚到中国不久，我觉得选(2)的班不大合适，想换(3)个班，得到的回答是"让我们研究研究"。后来，我又想多选一门(4)书法课，得到的回答仍然是"研究研究"。我发现有一个班的课本(5)很不错，建议(6)我们班的老师也用这一课本，得到的回答还是"研究研究"。我去找管(7)房子的人要求(8)换房间，找办公室的老师要求延长学习时间、要求转(9)到中文系学习等等，不管是什么事，也不管是找谁，得到的回答差不多都是"研究研究"，没有谁马上就告诉我"行"还是"不行"。为了办好一件事，一般要跑两三次。如果跑两次就能办成一件事，就算幸运(10)了。有时一件事跑了三四次还是办不成。我要是发火(11)，他们总是说："急什么？下次再来吧！"

是啊，急有什么用呢？你急他不急！没办法，只好让他们"研究研究"吧。

生词

1.	研究/	yánjiū	erforschen
	研究研究	yánjiū yánjiū	mal schau'n
2.	选	xuǎn	wählen

3.	换	huàn	wechseln
4.	门	mén	ZW für 课
5.	课本	kèběn	Lehrbuch
6.	建议	jiànyì	vorschlagen
7.	管	guǎn	zuständig sein
8.	要求	yāoqiú	verlangen, fordern
9.	转	zhuǎn	wechseln
10.	幸运	xìngyùn	Glück haben
11.	发火	fā huǒ	wütend werden

回答问题 Beantworten Sie die folgenden Fragen:
(1) 这个学生为什么要换班？
(2) 他得到的回答是什么？
(3) 他为什么建议老师换课本？
(4) 他要求延长学习时间，学校同意吗？
(5) 为了办好一件事，他一般要跑几次？
(6) 他发火时，学校的人说什么？

第5课： 中国有多大？

中国到底[1]有多大？中国的面积有九百六十万平方公里，跟欧洲的总面积差不多大。中国一个省的面积，一般相当于欧洲的一个大国。从总面积来看[2]，中国确实很大。但是，中国的人口已经达到十三亿，而[3]欧洲只有三亿左右。如果按人口计算，那么欧洲人平均所有的土地面积比中国人多四倍多。这样一算，中国其实并不大[4]。

在相同的面积上，欧洲有几十个国家，中国却[5]是一个国家。所以，中国的东部和西部，南方和北方，有很多地方[6]大不一样。

中国的气温情况（1951－1970）

地方	最热月温度°C	绝对最高温度°C	最冷月温度°C	绝对最低温度°C
嫩江	20.4	37.4	-25.8	-47.3
长春	22.9	38.0	-17.0	-35.5
北京	26.0	40.6	- 4.7	-27.4
郑州	27.5	43.0	- 0.2	-17.9
南京	28.2	40.7	1.9	-14.0
南昌	29.7	40.6	4.8	- 7.7
广州	28.3	38.7	13.4	0.0
乌鲁木齐	24.5	40.9	-15.6	-41.5
重庆	28.6	42.2	7.5	- 1.8
昆明	19.9	31.5	7.9	- 5.4
贵阳	24.0	37.5	4.9	- 7.8
拉萨	15.5	29.4	- 4.9	-16.5

比如说，东西部最远相距五千两百公里，用的却都是北京时间。早晨六点钟，当北京和上海人在公园里打太极拳、跳迪斯科舞的时候，西部高原的人们还在美美地睡觉。

又比如说，南北方冬天的温度不一样，最多可以相差五、六十度。当黑龙江已经是零下二、三十度的时候，海南岛还是像夏天一样热。海南岛没有冬天，不少海南人也从来没[7]见过雪。

从气候上来说，北方和南方也很不一样。北方是大陆性气候，特点是气候干，雨水少，冬天冷，夏天热。南方是海洋性气候，特点是无霜期长，雨水多，更[8]适合农业的发展。由于气候条件的不同，南方和北方的农作物也不一样：南方以水稻为主，北方以小麦为主。所以，北方人喜欢吃面条，南方人喜欢吃米饭。

从地形上来看，东西部完全不同。西部是高原和山地，东部是平原。由于这个原因，中国的主要河流，像长江和黄河，都是由西往东流。

从人口分布来看，东西部的情况也不相同。占人口百分之九十四的汉族主要生活在东部和西部，占人口百分之六的少数民族主要在西南、西北和东北。受地形、气候和经济发展的影响[9]，东部地区的人口比西部地区多。一些经济发达的大城市，像北京、上海、广州和南京等，都在东部沿海地区。但是，随着[10]西部地区的经济发展，这种情况正在改变。

中国大吗？又大又不大，这要看你怎么看。

生词

到底	Adv	dàodǐ	eigentlich

北京到底有多大，我不知道。

总面积	N	zǒngmiànjī	Gesamtfläche

总人口 Gesamtbevölkerungszahl, 总数 Gesamtzahl

相当于	VO	xiāngdāngyú	entsprechen, gleichstellen

他今天花的钱相当于一个月打工的钱。

从 ... 来看	R	cóng ... lái kàn	von ... aus gesehen

1) 从这个学校的规定来看，这是一个好学校。
2) 从说话的口气来看，他有点害怕

确实	Adv	quèshí	wirklich

有的汉字确实很难写。

而	K	ér	aber
达到	VO	dádào	erreichen

南京的人口达到了三百七十万。

vgl.: 到达 dàodá (ankommen): 他们六点到达柏林。

按	Präp	àn	nach, aufgrund

1）按你说的，我们找到了法律系。
2）请你们按人数买笔记本。

计算	VO/N	jìsuàn	rechnen, Rechnung

计算机 Rechner, Computer
我们要计算一下，可以请多少客人。

平均	N/VO	píngjūn	Durchschnitt

平均每人 pro Kopf im Durchschnitt
平均每家 pro Familie im Durchschnitt

土地	N	tǔdì	Erde, Boden
所有	V/N	suǒyǒu	besitzen, Besitz

国家所有的企业少了。

倍	ZW	bèi	-fach, -fache Menge

三倍 dreifach

并不	Adv	bìng bù	eigentlich nicht *(anders als erwartet)*

这家剧院很有名，但是并不大。

相同	Ev	xiāngtóng	gleich, identisch
地方	N (个)	dìfang	Stelle, Hinsicht, Aspekt
比如	R	bǐrú	zum Beispiel

李老师会好几门外语，比如英语、法语和德语。

相距	VO	xiāngjù	entfernt sein

北京和上海相距1400公里。

早晨	N	zǎochén	Morgen, früher Morgen
太极拳	N	tàijíquán	Taiji, Schattenboxen
迪斯科舞	N (种)	dísīkēwǔ	Disco
相差	VO	xiāngchà	sich unterscheiden

他们俩相差三岁。

温度	N	wēndù	Temperatur

体温 Körpertemperatur
37度：37 Grad oder 37 Prozent (bei Alkohol)

零下	N	língxià	unter Null
	今天太冷，零下20度。		
从...来说	R	cóng ... lái shuō	was ... betrifft
	从温度来说，北京和汉堡差不多。		
大陆性	Ev*	dàlùxìng	kontinental
干	Ev	gān	trocken
	vgl.: 干 gàn: 你们现在干什么？		
海洋性	Ev*	hǎiyángxìng	ozeanisch
	海洋性气候 Seeklima		
	太平洋 Pazifik, 大西洋 Atlantik		
无霜期	N	wúshuāngqī	frostfreie Periode
	无名 unbekannt, 无数 unzählig, 无条件 bedingungslos		
适合	VO	shìhé	passen, geeignet sein
	这里很适合农业的发展。		
农作物	N (种)	nóngzuòwù	landwirtschaftliche Produkte
	农业 Landwirtschaft		
水稻	N (种)	shuǐdào	Wasserreis
小麦	N (种)	xiǎomài	Weizen
面条	N (种)	miàntiáo	Nudeln
	面食 Teigwaren		
米饭	N (碗)	mǐfàn	gekochter Reis
	米 nicht gekochter Reis, 饭 gekochter Reis		
地形	N (种)	dìxíng	Topographie
高原	N	gāoyuán	Hochland
原因	N (个)	yuányīn	Grund, Ursache
分布	N/VO_Präp	fēnbù	Verteilung, sich verteilen
	这些植物分布在山区。		
汉族	N	hànzú	Han-Nationalität
少数民族	N (个)	shǎoshù mínzú	nationale Minderheiten

影响	VO/N	yǐngxiǎng	beeinflussen, Einfluss

1）美国电影影响了很多年轻人。
2）很多年轻人受了美国电影的影响。
3）这本书对她的影响不小。

沿海地区	N	yánhǎi dìqū	Küstenregion

沿着 entlang (Präp):
沿着大街 der Straße entlang

随着	Präp	suízhe	mit, infolge

随着天气越来越热，旅游的人也越来越多。

改变	VO	gǎibiàn	ändern, verändern

我不想改变自己的想法。

专有名词

黑龙江	Hēilóngjiāng	1) Heilong-Fluss
		2) Provinz Heilongjiang
海南岛	Hǎinándǎo	1) Insel Hainan
		2) Provinz Hainan

语法和解释

1 „中国到底有多大" heißt „Wie groß ist China eigentlich?". 到底 ist ein Adverb und hat eine verstärkende Funktion im Fragesatz. Es entspricht im Deutschen „eigentlich" oder „überhaupt". Es kann aber auch bedeuten, dass man mit Mühe etwas erreicht hat. In dem Fall kann es im Deutschen mit „endlich, doch noch" übersetzt werden:

1）他到底有多高？
Wie groß ist er eigentlich?
2）他到底把这本书看完了。
Endlich hat er das Buch zu Ende gelesen.

2 „从总面积来看": 从 ... 来看 ist ein fester Ausdruck und bedeutet „was ... betrifft, anbelangt". Er dient im Satz als Adverbialbestimmung und steht

meistens am Satzanfang. Ausdrücke wie 从 ... 来说 und 从 ... 来讲 werden ähnlich verwendet:

1) 从人口来说，这个城市很大。
2) 从他的介绍来讲，学法律不错。

3 „中国的人口已经达到十三亿，而欧洲只有三亿左右": 而 ist eine Konjunktion und kann a) eine adversative, b) eine koordinative Beziehung ausdrücken. Im ersten Fall entspricht es „aber" oder „im Gegensatz dazu", im zweiten Fall „und" oder „sowohl ... als auch":

1) 你不用打工，而我必须打工。
2) 北方的冬天冷而干。

4 „中国其实并不大" heißt „China ist eigentlich nicht so groß". 并 ist eine Konjunktion und hat die Bedeutung von „und". Es kann Verben verbinden und Sätze, deren Subjekt identisch ist:

1) 我昨天报到并注了册。
2) 我认识了几个法国人并和他们交了朋友。

并 kann in Verbindung mit den Negationswörtern 不 und 没有 并不 und 并没有 bilden und hat dann eine verstärkende Funktion:

3) 听讲座的人并不多。(weniger als erwartet)
   Es hören doch nicht so viele Leute die Vorlesung.
4) 我并不想站着做笔记。(man wollte nicht, aber man muss)
   Ich wollte gar nicht im Stehen Notizen machen.

5 „欧洲有几十个国家，中国却是一个国家": 却 als Konjunktion hat eine ähnliche Bedeutung wie 但是. Anders als 但是 kann 却 aber nie vor dem Subjekt stehen. Es bedeutet 但是, kann aber auch hervorheben, dass etwas den allgemeinen Erfahrungen oder Erwartungen widerspricht: „und doch", „und trotzdem", „und dennoch". Zum Vergleich:

1) 我刚想祝贺他，他却走了。
vgl.: 我刚想祝贺他，但是他走了。
2) 他虽然九十岁了，身体却非常健康。
vgl.: 他虽然九十岁了，但是身体非常健康。

6 „中国的东部和西部 ... 有很多地方不一样": 地方 bedeutet hier nicht „Ort", sondern – im übertragenen Sinne – „Hinsicht" oder „Aspekt". Der Satz heißt also nicht „Im Osten und im Westen sind viele Orte nicht gleich", sondern "Der Osten und der Westen sind in vielerlei Hinsicht ganz unterschiedlich".

7 „从来也没有见过雪": 从来没有 heißt „noch nie" und verneint ein Verb mit der Partikel 过 (keinerlei diesbezügliche Erfahrung in der Vergangenheit), 从来不 dagegen hat eine modale Komponente:
1) 我从来没有看过这样的电影。(noch nie etwas derartiges gesehen)
2) 他从来不看电影。(man will es nicht tun)

8 „更适合农业的发展": 更 ist ein Adverb und dient zum Vergleich. Es entspricht dem Komparativ im Deutschen:
1) 这本杂志很贵，那本杂志更贵。
2) 德语系的学生很多，经济系的学生更多。

9 „受地形、气候和经济发展的影响": 受 ... 的影响 ist eine ähnliche Konstruktion wie 受欢迎. Die Erläuterung dazu findet man in Anmerkung 9 von Lektion 3.

10 „随着西部地区的经济发展": 随着 ist eine Präposition und kann in verschiedenen Kontexten als „mit", „durch" oder „aufgrund" übersetzt werden. Es verlangt meistens ein nominalisiertes Verb als Objekt, welches Veränderung oder Entwicklung beinhaltet:
1) 随着天气越来越热，他觉得越来越不舒服。
2) 随着汉语水平的提高，他看书越来越快。

练习

1. 课文提问 Fragen zum Text:
    (1) 为什么说"中国其实并不大"？
    (2) 东西部的时间有什么不同？
    (3) 南北方的气温相差大吗？
    (4) 南方的气候特点是什么？

(5) 北方人吃面条，南方人吃米饭，这是为什么？
(6) 长江、黄河为什么从西往东流？
(7) 东部的经济为什么比西部发达？
(8) 德国南方和北方的情况怎么样？

2. 造句 Bilden Sie Sätze:
   (1) 相当于
   (2) 达到
   (3) 平均
   (4) 相差
   (5) 从来没
   (6) 适合
   (7) 以 ... 为主
   (8) 随着

3. 翻译 Übersetzen Sie ins Deutsche. Achten Sie dabei auf 到底:
   (1) 昨天到底来了多少人？
   (2) 黑龙江冬天到底有多冷？
   (3) 他到底是北方人，喜欢吃面食。
   (4) 我到底把他请来了。
   (5) 狐狸到底把老虎骗了。

4. 用"而"和"却"连接句子 Verbinden Sie die Sätze mit 而 und 却:
   (1) 北方人喜欢吃面条。南方人喜欢吃米饭。
   (2) 这个地方百货商店有好几家。书店只有一家。
   (3) 中学放两个月假。大学放三个月假。
   (4) 很多年轻人被拉去当兵了。他儿子因为腿断了没有去。

5. 用"并不"、"并没有"否定 Verneinen Sie die Sätze mit 并不 oder 并没有：

(1) 南京的古迹比苏州的少吗？
(2) 这本小说你看过吗？
(3) 中国北方夏天的温度低吗？
(4) 你对法律感兴趣吗？
(5) 你们想过这个问题吗？

6. 填空 Füllen Sie die Lücken mit 从来没有 oder 从来不：
   (1) 塞翁 _____ 骑马。
   (2) 老王 _____ 学过太极拳。
   (3) 他身体很好，_____ 去看过病。
   (4) 我的朋友 _____ 喜欢去旅游。
   (5) _____ 帮助同学的人很少。

7. 转换句型 Formulieren Sie die Sätze mit 从 ... 来说/看 um:
   Beispiel: 你去不去当兵都可以。(我)
   —> 从我来说，你去不去当兵都可以。
   (1) 北京比汉堡干。(气候)
   (2) 中文系的情况很好。(图书馆)
   (3) 中国的东部比西部发达。(经济)
   (4) 他在中国学习过。(他说的中文)
   (5) 他们很少有机会说。(同学们的中文)

8. 把"却"和"但是"放在适当的位置上 Setzen Sie 却 und 但是 richtig ein:
   (1) A 他想 B 去晒太阳，C 我 D 不想去。（却）
   (2) 应该 A 带健康证明，B 我 C 忘 D 了。（但是）
   (3) A 他是 B 南方人，C 很喜欢 D 吃面食。（却）
   (4) 小王 A 想让我 B 学开车，C 我 D 不想。（但是）

9. 用"随着"造句 Bilden Sie Sätze mit 随着:
   Beispiel: 西部的经济发展了。那儿的人口越来越多。
   —> 随着西部经济的发展，那儿的人口越来越多。
   (1) 天气越来越冷。生病的人越来越多。
   (2) 他的口语水平提高了。他翻译得比以前好了。
   (3) 图书馆的书越来越多了。图书馆里坐不下很多人了。
   (4) 北京的经济发展了。汽车越来越多了。
   (5) 学习的情况改变了。打工的人多了。

10. 翻译 Übersetzen Sie ins Chinesische:
    (1) Kinder werden am meisten von ihren Eltern beeinflusst. (受 ... 影响)
    (2) Die Anzahl der Einwohner in der Provinz Jiangsu entspricht der in Deutschland. (相当于)
    (3) Da er in Deutschland studiert hat, ist diese Arbeit genau das Richtige für ihn. (适合)
    (4) Mit zunehmender Entwicklung der Wirtschaft gibt es immer mehr Leute, die reisen wollen. (随着)
    (5) Ich studiere jetzt französische Literatur. Eigentlich habe ich großes Interesse an Kunst. (其实)
    (6) Die Hauptaufgabe von Studenten ist das Studium. Sie müssen sich aber auch über andere Dinge informieren. (以 ... 为主)
    (7) In Deutschland hat im Durchschnitt jede Familie ein Auto. (平均)

11. 阅读课文 Lesetext:

中国的青年人(1)

中国的青年人对自己的工作满意吗？根据北京的一个调查，结果(2)是：

在被调查的人中，对自己的工作满意的有58％。15％的人对自己的工作说不上满意，也说不上不满意。27％的人对自己的工作表示不满意。这里边有38％的人觉得工资低；16％的人觉得工作没有意思；26％的人是因为在学校学习的专业和现在做的工作不一样。和领导(3)关系不好或觉得自己的工作不好、别人看不起(4)的各(5)占10％。

青年人下班以后做什么？他们的业余(6)生活怎么样？"北京日报"调查了1000个青年人，男青年占42％，女青年占58％。调查的结果是：青年人的业余时间，主要用在看戏(7)、看电影、看电视的占第一位；听音乐、广播(8)的占第二位；看小说、杂志的占第三位；上业余大学学习文化(9)的占第四位；做家务事(10)的占第五位，逛(11)公园、逛商店的占第六位。

对自己的业余生活不满意或不太满意的人，比满意或很满意的人多一些。

生词

1.	青年人	qīngniánrén	junge Leute
2.	领导	lǐngdǎo	Vorgesetzter, Leiter
3.	结果	jiéguǒ	Ergebnis
4.	看不起	kànbùqǐ	gering schätzen, verachten
5.	各	gè	je, jeweils
6.	业余	yèyú	Freizeit, Hobby
7.	看戏	kàn xì	ins Theater gehen
8.	广播	guǎngbō	Rundfunk
9.	文化	wénhuà	Bildung, Wissen
10.	家务事	jiāwùshì	Haushalt
11.	逛	guàng	besuchen, bummeln

判断对错 Beurteilen Sie die folgenden Sätze:

(1) 在被调查的人中，有38%的人对自己的工作不满意。（对、错）
(2) 在不满意的人中，有38%的人是因为工资低。（对、错）
(3) 觉得工作没意思的比跟领导关系不好的人少。(对、错）
(4) 青年人在业余时间最喜欢看电影。(对、错）
(5) 上业余大学的人比看小说、杂志的人少。(对、错）
(6) 对自己业余生活满意的人比不满意的人多。(对、错）

第6课： 上 海 人

很长时间以来[1]，上海人在中国一直非常特殊。上海的古迹没有多少好看的[2]，到上海旅行，人们印象最深的是数不清的上海人。上海人有许多特点，可以称为"上海文明"[3]。一个外地人到上海，不管在公共汽车上，在商店里，还是在街道上[4]，很快就会被认出来，主要不是由于外貌和语言，而是没有这种"上海文明"。

同样，几个上海人到外地去，就是不说上海话[5]，也往往特别引人注目。

时间长了，外地人发火了。全国各地对上海人几乎都没有太好的评价。精明、骄傲、对人冷淡、自私等等，这就是外地人对上海人的评价。

是的，上海人不喜欢大请客，不喜欢"侃大山"，不喜欢花几天时间陪着一个朋友…这样做不好吗？全国离不开[6]上海人，又都不喜欢上海人[7]。各地文化科研机构都有上海人，上海的工业产品质量也很不错，上海交给国家的税最多，上海的科学和文化都比较发达，可是许多外地人就是不愿意跟上海人交朋友。

这些年，外地人有钱了，上海人虽然精明，钱却不太多。有一次，在上海的一辆电车上，一个外地人不注意碰撞了一位上海妇女。这个上海妇女轻轻地说了一声："外地人！"这位外地人一听，马上火了，说："我外地人怎么了？要比钱吗[8]？你的存款不如我的一个零头[9]；要比文化吗？

我的两个儿子都是大学毕业生！"车上的人听了，都发出苦苦的笑声。

问题是，谁是真正的上海人？究竟[10]有多少真正的上海人？其实，真正的上海人就是上海郊区的农民，而上海人是看不起[11]"乡下人"的。

上海人就生活在这种矛盾中。

生词

一直	Adv	yīzhí	immer, stets

他一直不知道"受"是什么意思。

特殊	Ev	tèshū	besonders, eigenartig

在沿海城市中上海比较特殊。

印象	N (种)	yìnxiàng	Eindruck

1）汉堡给他们的印象很不错。
2）他们对上海的印象很好。

深	Ev	shēn	tief

1）水很深。(konkret)
2）我对他的印象很深。(übertragen)

数不清	R	shǔ bùqīng	unzählbar

数 shǔ: zählen

   vgl.: 数 shù (Zahl): 数词 (Zahlwort)，人数 (Anzahl der Leute)
他的邮票多得 数不清。

称	VOO;VOO$_{Präp}$	chēng	bezeichnen

称为，称做 bezeichnen als, nennen

1）他称我老王。
2）人们喜欢称上海为"大上海"。

| 文明 | N (种) | wénmíng | Zivilisation, Kultur |

古代文明 archaische Zivilisation

| 不管…还是 | K | bùguǎn … háishì | egal, ob … oder |

不管你去还是我去，这件事得做好。

| 街道 | N (条) | jiēdào | Straße |
| 外地人 | N | wàidìrén | Ortsfremder, Fremder |

本地人 Einheimischer

| 认出来 | R/VO | rèn chū lái | erkennen, herausfinden |

你认不出我来了吗？

| 外貌 | N (种) | wàimào | äußere Erscheinung |

礼貌 Höflichkeit

| 各地 | Adv | gèdì | jeder Ort, überall |

各家 jede Familie， 各个公司 jede Firma

| 引人注目 | R/V | yǐn rén zhù mù | auffällig, ins Auge fallen |

她到哪儿都引人注目。

| 发火 | R/Vg | fā huǒ | wütend sein, explodieren |

别发火，慢慢说。

| 几乎 | Adv | jīhū | fast, beinahe |

这本书他几乎写了十年。

| 评价 | N/VO | píngjià | Beurteilung, bewerten |

1）人们评价这部电影。
2）人们对这部电影的评价不错。

| 精明 | Ev | jīngmíng | raffiniert, schlau |

聪明(cōngming): klug

| 骄傲 | Ev | jiāo'ào | hochmütig, arrogant, stolz |
| 冷淡 | Ev | lěngdàn | kühl, teilnahmslos |

他对人很冷淡。

| 自私 | Ev | zìsī | egoistisch |

侃大山	R/V	kǎn dàshān	viel reden, plaudern
	他们在一起喜欢侃大山。		
离不开	R/VO	líbùkāi	sich nicht trennen können
	现在的大学生离不开电脑。		
科研	N (种)	kēyán	wissenschaftliche Forschung
	科学研究 wissenschaftliche Forschung		
机构	N (家)	jīgòu	Institution
	科研机构 Forschungsinstitut		
产品	N (种)	chǎnpǐn	Produkt
	品 Suffix:		
	作品 literarisches Werk, 药品 Arzneimittel		
质量	N (种)	zhìliàng	Qualität
	数量 Quantität		
税	N (种)	shuì	Steuern
	交税 Steuern zahlen		
碰撞	VO	pèngzhuàng	stoßen, anstoßen
	注意，别碰撞老太太。		
比	VO$_{Präp}$O	bǐ	sich messen an/mit
	跟/和 jm 比		
	他跟我比谁高。		
存款	N	cúnkuǎn	Spareinlagen
	存钱 Geld einzahlen		
零头	N	língtóu	Rest, kleiner Betrag
	零钱 Kleingeld, 零用钱 Taschengeld		
苦	Ev	kǔ	bitter
	苦笑 bitter lächeln		
究竟	Adv	jiūjìng	eigentlich, doch
	这部小说你究竟什么时候能看完？		
郊区	N	jiāoqū	Vorort

看不起	R/VO	kànbùqǐ	gering schätzen, verachten

我不知道他看得起看不起你。

乡下人	N (个)	xiāngxiàrén	Dörfler

到乡下去 aufs Land gehen

矛盾	N (种)	máodùn	Widerspruch

矛 Lanze, 盾 Schild

请他还是不请他，我真矛盾。

之	Pa	zhī	Attributpartikel

语法与解释

1 „很长时间以来" heißt „seit langer Zeit". 以来 ist eine nachgestellte Konjunktion/Postposition und wird oft mit 从, 自 oder 自从 zusammen verwendet. Die Bedeutung entspricht der von „seit" oder „seitdem" im Deutschen:
1) （从/自/自从）他工作以来我还没有见他好好休息过。
2) （从/自/自从）1978年以来北京的经济发展得很快。

2 „上海的古迹没有多少好看的" heißt „Von den Attraktionen Shanghais sind nicht besonders viele sehenswert". Man kann mit 好 und einem Verb eine Reihe von Wörtern bilden, welche eine positive Bedeutung aufweisen:
好听 schön klingend   好吃 gut schmeckend
好玩 amüsant   好写 es schreibt sich gut (mit einem Stift)

3 „可以称为 '上海文明'": 称 ist hier ein Verb, 为 ist eine Präposition:
1) 我称他为老朋友。
2) 他被我称为老朋友。
3) 他被称为老朋友。

4 „不管在公共汽车上 ... 还是在街道上": 不管 ... 还是 ist eine zweiteilige Konjunktion, durch die die beiden Möglichkeiten genannt werden, deren Irrelevanz für den Sachverhalt im Hauptsatz betont wird. Es entspricht „egal, ob ... oder" im Deutschen:

1）不管下雨还是出太阳，我们都去骑马。
Egal, ob es regnet oder die Sonne scheint, wir gehen reiten.
2）不管你去还是我去，这封信一定要拿回来。
Egal, ob du gehst oder ich, der Brief muss auf jeden Fall zurückgeholt werden.

5 „几个上海人 ... 就是不说上海话，也往往特别引人注目": 就是 ... 也 ist eine zweiteilige Konjunktion mit konzessiver Bedeutung. Es entspricht „(auch/selbst) wenn ..., doch ..." im Deutschen:
1）就是她不说，我也会知道的。
2）那本书他就是送我，我也不要。

6 „全国离不开上海人": 离不开 ist ein Verb mit einem Komplement der Möglichkeit. Es bedeutet hier „sich nicht von etwas trennen können", „etwas nicht wegdenken können" oder „unvorstellbar sein ohne ...":
学生离不开老师，老师也离不开学生。

7 „全国离不开上海，又都不喜欢上海人": 又 heißt hier nicht „wieder", sondern drückt eine adversative Beziehung aus. Es kann oft zusammen mit 但是, 却 oder 而 verwendet werden:
1）他想说，又不敢说。
2）我希望他们来，但是又害怕他们来。

8 In der Frage „要比钱吗？" ist 比 ein Verb und bedeutet „sich messen an". Es verlangt ein direktes Objekt und ein von 跟 eingeleitetes Präpositionalobjekt. 要比钱吗 heißt „Wollen wir uns am Geld messen?". Weitere Beispiele:
1）他们俩比车。
2）他跟我比谁的车好。

9 „你的存款不如我的一个零头": 零头 bedeutet „den kleinen Teil eines Betrags", wie 2 von 102 oder 5角 von 10元5角. Hier kann man den Satz mit „Deine Spareinlagen – das sind nur Peanuts" übersetzen.

10 „究竟有多少真正的上海人？": 究竟 ist ein Adverb und dient zur Betonung einer Frage. 究竟 darf nicht in einem Fragesatz mit 吗 verwendet werden.

Es steht vor dem Satzglied, das betont wird. Man kann es oft mit „eigentlich" übersetzen:

1）他究竟会不会开车？

2）究竟谁找我？

11 „上海人是看不起'乡下人'的"：看不起 ist ein Verb mit einem Komplement der Möglichkeit. Man kann es als „gering schätzen" übersetzen:

1）你看不起这本书。

2）谁看得起他？

Die 是 ... 的-Konstruktion bezieht sich hier nicht auf die Vergangenheit, sondern hebt eine allgemein bekannte Tatsache hervor.

练习

1. 课文提问 Fragen zum Text:
    (1) 人们对上海印象最深的是什么？
    (2) 外地人在上海为什么很快会被认出来？
    (3) 外地人对上海人的评价怎么样？
    (4) 为什么说全国离不开上海人？
    (5) "外地人"是什么意思？
    (6) "外地人"为什么发火？
    (7) 谁是真正的上海人？
    (8) "乡下人"是什么意思？

2. 造句 Bilden Sie Sätze:
    (1) 数不清
    (2) 印象
    (3) 不管 ... 还是
    (4) 发火
    (5) 评价
    (6) 离不开

Lektion 6

- (7) 交朋友
- (8) 比
- (9) 究竟
- (10) 看不起

3. 用"(从)...以来"组成句子 Bilden Sie Sätze mit (从) ... 以来:

Beispiel: 我找不到他。（他工作）

—> 他工作以来，我找不到他了。

- (1) 他每天早上六点钟起床。（上大学）
- (2) 南方常常下大雨。（几个星期）
- (3) 他每天打太极拳。（学会了太极拳）
- (4) 我还没给他打过电话。（放假）

4. 转换句型 Wandeln Sie die Aktivsätze ins Passivsätze um:

Beispiel: 他称我老王。

—> 我被称为老王。

- (1) 人们称这种汽车为"鸭子 (yāzi: Ente) 车"。
- (2) 我们称他为"小上海"。
- (3) 他把小王称为老朋友。
- (4) 人们称这匹马为"千里马"。

5. 翻译 Übersetzen Sie die Sätze mit 就是 ... 也:

- (1) Auch wenn es heute regnet, fahre ich mit dem Fahrrad zur Arbeit.
- (2) Auch wenn er nicht den Mund aufmacht, weiß ich doch, dass er aus Shanghai kommt.
- (3) Auch wenn ich nicht krank bin, möchte ich heute nicht zur Schule gehen.
- (4) Auch wenn er nichts mehr hat, kann er nicht ohne Zigaretten auskommen.

6. 转换句型 Formulieren Sie die Sätze mit 不管 ... 还是 um:
   Beispiel:　　喝茶可以。喝咖啡也可以。
   　　—>　不管喝茶还是喝咖啡都可以。
   (1) 去北京旅行我觉得很好。去上海旅行我也觉得很好。
   (2) 你今天来我陪你。明天来我也陪你。
   (3) 上海在科学上比较发达。在文化上也比较发达。
   (4) 从城市来的人工作努力。从农村来的人工作也努力。

7. 翻译 Übersetzen Sie ins Deutsche. Achten Sie auf das Komplement der Möglichkeit:
   (1) 许多人从早到晚离不开电视。
   (2) 他什么都可以不要，但是离不开香烟。
   (3) 学生离不开老师，老师也离不开学生。
   (4) 你别看不起"乡下人"，没有"乡下人"哪儿有城里人。
   (5) 只知道"侃大山"的人我看不起。

8. 翻译 Übersetzen Sie ins Chinesische:
   (1) Er mag es, sich mit anderen darin zu messen, wessen Auto besser ist. (比)
   (2) Ich will mich nicht mit ihm messen, aber ich werde mich anstrengen. (比)
   (3) Wie kalt ist es eigentlich in Heilongjiang im Winter? (究竟)
   (4) Viele Leute mögen Leute aus Shanghai nicht. Warum eigentlich? (究竟)
   (5) Warum ist er gestern plötzlich wütend geworden? (究竟)

9. 转换句型 Formulieren Sie die Sätze um:
   Beispiel:　　人们对他的印象是，他很忙。
   　　—>　他给人们很忙的印象。
   (1) 同学们对南京的印象很好。
   (2) 人们对北京的印象很深。

Lektion 6

    (3)   不少人对这个地方人的印象是，他们很冷淡。

    (4)   我对大学的印象是，人很多。

10.   转换句型 Formulieren Sie die Sätze um:
        Beispiel: 学生们评价大学。(条件不错)
            —> 学生们对大学的评价是条件不错。

    (1)   他评价这部小说。(很难)

    (2)   外地人评价这个城市。(干净)

    (3)   人们评价这个电影院。(舒服)

    (4)   我评价这个医生。 (很客气，但是水平不高)

11.   阅读课文 Lesetext:

北 京 人 喝 酒

北京人爱喝酒。

    老年人喝酒，爱喝老牌子(1)酒，因为他们相信过去(2)。年轻人喝酒，爱喝"人头马"(3)，因为时髦(4)。

    到了夏天，不管男女老少，都喝啤酒。一喝就是几大杯，一个个肚子喝得像皮球(5)，还是不停(6)地喝。

    北京人喝酒，不是为了喝酒而喝酒，而是为了表示自己的性格(7)。上海人请朋友喝酒，喜欢到饭店，北京人喜欢把朋友请到家里。这样做不是怕花钱，而是表示对朋友的热情(8)和信任(9)。

    北京人请朋友在家里喝酒，会把各种各样的酒都准备好，什么白酒(10)啊，葡萄酒(11)啊，啤酒啊，果酒(12)啊，都放在桌子上。北京人喝酒，不是一口一口地慢慢喝，而是喜欢一杯一杯地喝。北京人在家里喝酒，不谈钱或跟钱有关的事儿，而是谈友情(13)。一边谈一边喝，一边喝一边谈，直到喝醉。喝醉了，就在床上睡大觉，像在自己家一样。这样，北京人才觉得舒服。

生词

1. 老牌子　　　lǎopáizi　　　　berühmte Warenmarke
2. 过去　　　　guòqù　　　　　Vergangenheit
3. 人头马　　　Réntóumǎ　　　Remy Martin
4. 时髦　　　　shímáo　　　　modern, in Trend
5. 皮球　　　　píqiú　　　　　Gummiball
6. 不停　　　　bùtíng　　　　ununterbrochen
7. 性格　　　　xìnggé　　　　Charakter
8. 热情　　　　rèqíng　　　　Herzlichkeit
9. 信任　　　　xìnrèn　　　　Vertrauen
10. 白酒　　　 báijiǔ　　　　Schnaps
11. 葡萄酒　　 pútáojiǔ　　　Wein
12. 果酒　　　 guǒjiǔ　　　　Obstwein
13. 友情　　　 yǒuqíng　　　　Freundschaft

回答问题 Beantworten Sie die folgenden Fragen:
(1) 北京的老人为什么喜欢喝老牌子的酒？
(2) 夏天，男的喝酒，女的不喝，对吗？
(3) 北京人为什么喝酒？
(4) 北京人为什么喜欢把朋友请回家？
(5) 北京人怎样喝酒？
(6) 北京人喝酒时谈什么？
(7) 他们喝醉了以后怎么样？

第7课： 汉堡和慕尼黑

"镜子、镜子你说话，谁是最美丽的花？"这是格林童话"白雪公主"中的一句话。几十年来[1]，人们一直在汉堡和慕尼黑之间[2]挑选，哪个城市更美，哪个城市更好。

汉堡的土地面积有755平方公里，人口170万，其中[3]百分之十是外国人。汉堡港是欧洲的四大港口之一，对汉堡的经济具有非常重要的意义。汉堡有三千家进出口公司，90多个领事馆，已经超过纽约，成为世界第一。

慕尼黑是巴伐利亚州的首府，有130万居民，外国人占[4]百分之十八。这里的汽车和电子工业非常发达，光学和航天研究都很先进。

汉堡位于易北河边，离北海和东海很近；慕尼黑在伊萨河边，离阿尔卑士山不远。这两个城市环境都很美，文化生活也非常丰富。汉堡和慕尼黑都有许多大大小小[5]的啤酒馆和古老的饭店，一流的音乐厅、歌剧院和博物馆。

汉堡和慕尼黑的旅游业[6]都很发达。汉堡港有巨大的集装箱码头，还有世界上独一无二的仓库城。仓库里有世界各国的茶叶、咖啡和地毯等等。阿尔斯特湖就在市中心附近，是人们散步和休息的好地方。圣保利的娱乐街很有名，每天都吸引着很多游客。

跟汉堡相比[7]，慕尼黑的古建筑更多。市中心的圣母教堂是慕尼黑最有名的古建筑之一，也是慕尼黑的象征[8]。德意志博物馆在德国是独一无二的，人们可以在这里了解德国科学技术的发展历史。慕尼黑的"啤酒文化"在世界上非常有名。每年十月的"啤酒节"[9]是慕尼黑人最高兴的日子。他们又跳舞又唱歌，一边喝酒一边庆祝。

汉堡和慕尼黑都是现代化[10]的大城市，交通非常发达。这两个城市都有现代化的飞机场和高速公路，为人们的旅行提供了方便。汉堡和慕尼黑的市内交通都很发达，坐地铁既快又好[11]。因为这两个城市的生活条件很好，很多人都希望来这里生活和工作。

在对汉堡和慕尼黑做了这么多介绍以后，你觉得，汉堡和慕尼黑哪一个更美？哪一个更好？

生词

镜子	N (面)	jìngzi	Spiegel
	眼镜 Brille		
美丽	Ev	měilì	schön
童话	N (个)	tónghuà	Märchen
	童年 Kindheit		
公主	N (位)	gōngzhǔ	Prinzessin
	王子 Prinz		
挑选	VO	tiāoxuǎn	auswählen
	大选 die Wahl		

1）他挑选了一本童话书。
2）大家选他当班长。

其中	Adv	qízhōng	darunter
港口	N (座)	gǎngkǒu	Hafen
进口	VO/N	jìnkǒu	importieren, Import

1）法国进口德国汽车。
2）法国从德国进口汽车。

出口	VO/N	chūkǒu	exportieren, Export
	这辆汽车要出口到日本。		
领事馆	N	lǐngshìguǎn	Konsulat
	总领事馆 Generalkonsulat		
超过	VO	chāoguò	überholen, übertreffen
	德国的出口一直超过进口。		
首府	N	shǒufǔ	Landeshauptstadt
	首都 Haupstadt		
电子工业	N	diànzǐ gōngyè	Elektroindustrie
	电子手表 Quarzuhr		
光学	N	guāngxué	Optik
航天	N	hángtiān	Raumfahrt
	航空 Luftfahrt		
先进	Ev	xiānjìn	fortschrittlich
	这是一种先进的生产方法。		
环境	N	huánjìng	Umwelt, Umgebung
	这儿的学习环境不错。		
饭店	N (家)	fàndiàn	Restaurant, Hotel
一流	Ev	yīliú	erstklassig
	二流 zweitklassig		
音乐厅	N (家)	yīnyuètīng	Musikhalle
歌剧院	N (家)	gējùyuàn	Opernhaus
	听歌剧 Oper hören		
博物馆	N (家)	bówùguǎn	Museum
	参观博物馆 Museum besuchen		
旅游业	N	lǚyóuyè	Tourismus
	业 Suffix:		
	工业 Industrie, 农业 Landwirtschaft		
巨大	Ev	jùdà	riesig
	巨人 ein Riese		

Lektion 7

集装箱	N (只)	jízhuāngxiāng	Container
	箱子 Koffer		
码头	N (座)	mǎtou	Kai, Anlegeplatz
	集装箱码头 Containerhafen		
独一无二	R	dú yī wú èr	einzigartig
	北京的古迹那么多，这在世界上是独一无二的。		
仓库	N (座)	cāngkù	Lager
	仓库城 Speicherstadt，车库 Garage		
茶叶	N	cháyè	Teeblätter
	叶子 Blatt		
地毯	N (块)	dìtǎn	Teppich
娱乐街	N (条)	yúlèjiē	Vergnügungsviertel
吸引	VO	xīyǐn	anziehen, locken
	1) 这个展览吸引了很多大学生。		
	2) 大家都被他的话吸引住了。		
跟...相比	R	gēn ... xiāng bǐ	im Vergleich
	跟汉堡相比，上海的人多得多。		
建筑	N (座)	jiànzhù	Bauwerk
	建房子/花园 Haus/Garten bauen		
教堂	N (座)	jiàotáng	Kirche
	教会 Kirche (Organisation)		
象征	N/VO	xiàngzhēng	Symbol
	1) 圣母教堂是慕尼黑的象征。		
	2) 绿色 (lǜsè: grüne Farbe) 象征什么？		
德意志	Ev*	déyìzhì	deutsch
技术	N (种)	jìshù	Technik, Technologie
	技术员 Techniker		
日子	N (个)	rìzi	Tag
	今天是个让人高兴的日子。		

庆祝	VO	qìngzhù	feiern

庆祝生日 Geburtstag feiern
大家一起庆祝春节。

现代化	Ev/N	xiàndàihuà	modern, Modernisierung

化 Suffix:
工业化 Industrialisierung

交通	N	jiāotōng	Verkehr
飞机场	N (座)	fēijīchǎng	Flughafen

停车场 Parkplatz

高速公路	N (条)	gāosù gōnglù	Autobahn

高速火车 Hochgeschwindigkeitszug

内	N	nèi	innen, innerhalb

国内 im Inland，市内 in der Stadt

地铁	N (条)	dìtiě	U-Bahn

地下铁路 Untergrundbahn
他天天坐地铁上班。

既…又(也)	K	jì … yòu	sowohl … als auch

1）他既离不开烟，又离不开酒。
2）他既会讲普通话，也会讲上海话。

专有名词

格林	Gélín	Brüder Grimm
纽约	Niǔyuē	New York
易北河	Yìběihé	Elbe
伊萨河	Yīsàhé	Isar
阿尔卑士山	Ā'ěrbēishìshān	Alpen
阿尔斯特湖	Ā'ěrsītèhú	Alster
圣保利	Shèngbǎolì	St. Pauli
圣母教堂	Shèngmǔ Jiàotáng	Frauenkirche

语法和解释

1. In der Formulierung „几十年来" ist 来 eine verkürzte Form von 以来 in der Umgangssprache. Vgl. Anmerkung 1 der Lektion 6.

2. „在汉堡和慕尼黑之间" bedeutet „zwischen Hamburg und München". Man muss 在 ... 之间 (entspricht „zwischen" im Deutschen) von 在 ... 中间 unterscheiden. 在 ... 中间 kann man mit „in der Mitte" oder „unter" übersetzen, wie:

   1) 在教室中间有一张桌子。
   2) 在学生中间只有一个人没去过中国。

3. „其中百分之十是外国人": 其 in 其中 bedeutet 那, 那个 sowie 那些 und weist auf eine bereits genannte Person oder Sache hin. Statt 其中 kann man hier auch 那里边 sagen:

   其中百分之十是外国人 = 那里边百分之十是外国人

4. „占百分之十八": 占百分之x ist eine feststehende Wendung und heißt „x Prozent ausmachen":

   学生中每天打工的占百分之四十。

5. „大大小小" ist eine Verdoppelungsform von 大小. Es hat eine intensivierende Bedeutung: „sehr große und sehr kleine (verschiedene)"

6. Im modernen Chinesisch gibt es Suffixe, die der Wortbildung dienen. 业 in 旅游业 ist eines davon. Es bezeichnet eine Gesamtheit (im Deutschen vergleichbar mit „-wesen, -branche, -wirtschaft"):

   工业 Industrie   农业 Landwirtschaft
   林业 Forstwirtschaft   商业 Handelswesen

7. 跟 ... 相比 heißt „im Vergleich mit/zu" und dient im Satz als Adverbialbestimmung:

   1) 跟昨天相比，今天的天气真好。
   Im Vergleich zu gestern ist das Wetter heute wirklich gut.
   2) 昨天的天气比今天的好。
   Das Wetter war gestern besser als heute.

8 „市中心的圣母教堂 ... 也是慕尼黑的象征": 象征 ist hier ein Nomen. In verbaler Funktion ist oft die durative Aspektpartikel 着 erforderlich:

1) 圣母教堂是慕尼黑的象征。

2) 圣母教堂象征着慕尼黑。

9 „啤酒节" ist eine Übersetzung für „das Münchener Oktoberfest".

10 Im Wort 现代化 fungiert 化 als Suffix. Es bezeichnet eine Umwandlung, einen Prozess:

现代 + 化 = 现代化 Modernisierung
工业 + 化 = 工业化 Industrialisierung
年轻 + 化 = 年轻化 verjüngen, jünger werden

11 „坐地铁既快又好": 既 ... 又 ist eine Konjunktion und entspricht im Deutschen „sowohl ... als auch" oder „und":

这几年，汉堡的人口既没有变多，又没有变少。

练习

1. 课文提问 Fragen zum Text:
   (1) 汉堡居民的情况怎样？
   (2) 慕尼黑的工业跟汉堡比怎么样？
   (3) 这两个城市的地理(dìlǐ: Geographie)情况怎么样？
   (4) 文化生活的情况呢？
   (5) 汉堡的旅游业怎么样？
   (6) 什么是慕尼黑的"啤酒节"？
   (7) 为什么很多人想来汉堡和慕尼黑？
   (8) 汉堡和慕尼黑，你更喜欢哪一个？为什么？

2. 造句 Bilden Sie Sätze:
   (1) 挑选
   (2) 进口，出口
   (3) 超过
   (4) 既 ... 又

Lektion 7

(5) 象征
(6) 吸引
(7) 跟 ... 相比
(8) 成为
(9) 其中

3. 翻译 Übersetzen Sie ins Deutsche. Achten Sie auf 其中:
   (1) 德国有许多童话，其中格林童话最有名。
   (2) 汉堡有很多家进出口公司，其中有几家很有名。
   (3) 北京有很多有名的公园，北海是其中之一。
   (4) 我买了十本书，其中有一本是中文的。

4. 填空 Füllen Sie die Lücken mit (在) ... 中间 oder (在) ... 之间 und übersetzen Sie:
   (1) 我们同学 _____ 的关系很好。
   (2) 我们同学 _____ 有人会打太极拳。
   (3) 他在德国同学 _____ 交了几个朋友。
   (4) 食堂在大学的 _____。
   (5) 在上大学和工作 _____ 他挑选上大学。

5. 组成有"占"的句子 Formulieren Sie die Sätze mit 占 um:
   Beispiel: 我有很多书。百分之八十是在中国买的。
       —>   我的书中在中国买的占百分之八十。
   (1) 德国的外国车很多。百分之三十是美国的
   (2) 汉堡有许多饭店。五分之一是意大利人开的。
   (3) 南京大学有很多北方人。百分之二十是北京人。
   (4) 中国经济发达的城市很多。80%在沿海地区。

6. 用重叠式作补语 Verwenden Sie die Verdoppelungsform als Komplement der Art und Weise:

   Beispiel: 他们唱歌。（高兴）
   —> 他们唱歌唱得高高兴兴的。

   (1) 衣服他洗了。（干净）
   (2) 这家博物馆我了解。（清楚）
   (3) 我让他玩。（高兴）
   (4) 他让客人休息。（舒服）

7. 用"跟 ... 相比"组句 Formulieren Sie die Sätze mit 跟 ... 相比 um:

   Beispiel: 小王的字写得好。(他)
   —> 跟小王相比，他的字写得更好。

   (1) 南京人能"侃大山"。(北京人)
   (2) 广州有一些古迹。(南京)
   (3) 这儿的房子很贵。(那儿)
   (4) 这个城市的交通很方便。(那个城市)
   (5) 我挑选了很多书。(他)

8. 用"既 ... 又"回答问题 Beantworten Sie die Fragen mit 既 ... 又:

   Beispiel: 大学的图书馆怎么样？（老，旧）
   —> 大学的图书馆既老又旧。

   (1) 慕尼黑的机场怎么样？（大，现代化）
   (2) 留学生报到要带什么？（录取通知书，护照）
   (3) 你对什么感兴趣？（文学，艺术）
   (4) 这家歌剧院受什么人欢迎？（年轻人，老年人）

9. 翻译 Übersetzen Sie ins Deutsche:

   (1) 成都 (Chéngdū) 到处 (dàochù: überall) 都是茶馆，这在世界上是独一无二的。
   (2) "独一无二"的意思是除了这个以外就没有了。

(3) 今年他过六十岁，得好好庆祝庆祝！
(4) 过几天就是新年了，你们怎么庆祝？
(5) 你知不知道竹子(zhúzi, Bambus)在中国象征着什么？
(6) 公司想挑选几个人，派他们到中国去工作。

10. 翻译 Übersetzen Sie ins Chinesische:

(1) Der Im- und Export ist für Deutschland von großer Bedeutung. (有意义)
(2) In Deutschland sind die meisten Fernsehgeräte aus Japan importiert. (进口)
(3) Im letzten Jahr wurde der Import erneut vom Export übertroffen. (超过)
(4) Die Einwohnerzahl von Hamburg übertrifft die von München um dreihunderttausend. (超过)
(5) In- und ausländische Touristen sind immer von der schönen Landschaft in Guilin (桂林: Guìlín) fasziniert. (吸引)
(6) Das Oktoberfest in München fasziniert jedes Jahr sehr viele Japaner. (吸引)
(7) Nach langjährigen Anstrengungen ist sie eine sehr gute Dolmetscherin geworden. (成为)
(8) Shanghai ist ein Symbol der Reform Chinas geworden. (成为, 象征)

11. 阅读课文 Lesetext:

广 州

广州位于中国的南方，是个古老的城市，具有悠久的历史。由于珠江(1)从城中流过，所以水上交通特别方便。从唐朝开始，广州就是世界著名的港口城市了。广州对中国的对外贸易(2)有着重要的意义，人们称它为中国的"南大门"。

一说到广州，人们马上就会想到"吃在广州"。法国人被称为"美食家"(3)，不过和广州人相比，他们就差远了！有人开玩笑(4)说，天上飞的除了飞机，水里游的除了船(5)，地上走的除了人，广州人什么都吃。

不过，传说(6)在很久很久以前，广州却是一个几乎没有东西吃的地方。后来，来了五只仙(7)羊，每只羊的嘴里都叼(8)着稻穗(9)，从此，广州人学会了种水稻。

广州还有一个美丽的名字－花城。由于广州气候温暖，阳光充足(10)，所以一年四季(11)树木常绿，鲜(12)花常开。不过，外地人会很奇怪地发现，广州的花店并不多。那是因为卖花的地方多数都在每个市场的入口(13)或者出口，人们在买完了菜以后，可以带上一把鲜花回家。

每年春节的前三天，广州最热闹的几条马路都被封(14)起来，不让汽车和自行车通过，只让花农在那儿卖花，叫做"花街"。春节前逛逛花街，可以带来好运气。如果想认识"花城"广州，千万不能错过(15)一年一次的"花街"。

生词

1. 珠江　　　　　Zhūjiāng　　　　　Perl-Fluss
2. 贸易　　　　　màoyì　　　　　　Handel
3. 美食家　　　　měishíjiā　　　　　Feinschmecker
4. 开玩笑　　　　kāi wánxiào　　　　einen Scherz machen
5. 船　　　　　　chuán　　　　　　Schiff
6. 传说　　　　　chuánshuō　　　　Sage, Legende

7.	仙	xiān	göttlich, unsterblich
8.	叼	diāo	etwas im Mund halten
9.	稻穗	dàosuì	Reisähre
10.	充足	chōngzú	viel, reichlich
11.	四季	sìjì	die vier Jahreszeiten
12.	鲜	xiān	frisch
13.	入口	rùkǒu	Eingang
14.	封	fēng	blockieren
15.	错过	cuòguò	verpassen

判断对错 Beurteilen Sie die fogenden Sätze:

(1) 广州在唐朝已经成为世界著名的港口了。(对、错)
(2) 广州有一个叫"南大门"的城门。(对、错)
(3) 法国人比广州人更会吃。(对、错)
(4) 有人说，广州人什么都吃。(对、错)
(5) 广州一年四季都很温暖。(对、错)
(6) 广州花店不多，因为人们不买花。(对、错)
(7) "花街"里不让开汽车。(对、错)
(8) "花街"只有春节的时候有。(对、错)

第8课：电脑时代

也许你对电脑了解得还不太多，但是你一定听说过这句话：电脑正在对我们的生活进行¹一场革命。国际互联网、信息高速公路、电子邮件、电脑购物…，新名词的不断出现，宣告了一个新的时代即将到来²。

"我该怎么办？他们说电脑从来不出错过。"

　　人类的文明经过了不同的发展阶段：从农业时代到工业时代的发展经过了相当长的时间。从工业时代向信息时代的发展却非常快。自从二十世纪八十年代初期第一台个人电脑出现以来，电脑的发展日新月异。随着电脑速度的加快，电脑的作用越来越大。对懂电脑的人来说，电脑很简单；对不懂电脑的人来说，电脑就像"天书"一样的复杂[3]。其实，不管是男的还是女的，是大人还是小孩，都可以学会使用电脑。电脑总有一天将会进入每一个家庭[4]，就像普通的家用电器一样。人们可以用电脑看电视、看电子报纸，得到最新的消息；在互联网上写信、寄信，对方马上就可以收到。电子银行可以提供二十四小时服务，人们可以随时转帐、付款。用电脑还可以购物、订票…

有人说："各行各业都离不开电脑。"这句话有点夸大了电脑的作用。但是可以说，电脑的作用将越来越大。你如果去找工作，一定会发现这样的话[5]：要求会使用电脑[6]。现在已经很难找到哪一个办公室没有电脑了。如果不懂电脑，以后找工作会越来越难，特别是很难找到好的工作。"到了2000年[7]，估计只有三分之一的行业不用电脑工作"，有一位经济学家曾经这样预言。为了[8]适应信息时代的需要，应该学会使用电脑；为了减少学习电脑的困难，应该尽早地接触电脑、学习使用电脑。

生词

| 时代 | N (个) | shídài | Zeitalter |

当代 gegenwärtig

| 革命 | N(种) | gémìng | Revolution |
| 国际互联网 | N | guójì hùliánwǎng | Internet |

因特网 Internet, 网球 Tennis

| 信息 | N (个) | xìnxī | Information, Daten |

信息库 Datenbank

| 电子邮件 | N (个) | diànzǐ yóujiàn | E-Mail |
| 购物 | Vg/N | gòu wù | kaufen, einkaufen |

购物中心 Einkaufszentrum

购买 kaufen

| 名词 | N (个) | míngcí | Nomen, Substantiv |
| 出现 | V | chūxiàn | erscheinen, vorkommen |

这几天出现了一些情况。

| 宣告 | VO | xuāngào | ankündigen |

宣传 propagieren, Propaganda

| 即将 | Adv | jíjiāng | bald |

他即将毕业了。

| 到来 | V | dàolái | kommen |

1）二十一世纪即将到来。

2）他的到来使大家很高兴。

| 人类 | N | rénlèi | Menschheit |

类 Suffix für Art und Sorte oder Gruppe, Gesamtheit:
词类 Wortart, 植物类 Pflanzenarten

| 经过 | VO/N/Präp | jīngguò | erleben, Verlauf, durch |

1）人类社会经过了不同的发展时期。

2）他不知道事情的经过。

3）经过一年的努力他把书写完了。

| 阶段 | N (个) | jiēduàn | Phase, Etappe |

相当	Adv	xiāngdāng	ziemlich
自从 ... 以来	Präp	zìcóng ... yǐlái	seit

自从学汉语以来，我差不多每天都写汉字。

vgl.: Anmerkung 1 der Lektion 6

初期	N	chūqī	Anfangsphase

初 Präfix:

初中 Unterstufe der Mittelschule， 初级 Grundstufe

初期：九十年代初期 Anfang der 1990er Jahre

日新月异	R	rì xīn yuè yì	sich Tag für Tag verändern

异 anders, unterschiedlich:

异常 ungewöhnlich， 异国 fremdes Land

人们都说，北京现在是日新月异。

速度	N (种)	sùdù	Tempo, Geschwindigkeit

工作速度 Arbeitstempo

作用	N (种)	zuòyòng	Funktion, Rolle

起作用 eine Rolle spielen

电脑可以起重要的作用

加快	N/VO	jiākuài	Beschleunigung, beschleunigen

我们应该加快工作速度。

天书	N	tiānshū	Buch mit sieben Siegeln
大人	N (个)	dàren	Erwachsene/r

这家的大人和小孩都去公园了。

使用	VO/N	shǐyòng	gebrauchen, verwenden

1) 他会使用电脑。

2) 电脑的使用很容易。

电器	N	diànqì	Elektrogerät

器 Suffix für Gerät, Maschine und Instrument:

助听器 Hörgerät， 乐器 Musikinstrument

消息	N (种)	xiāoxi	Information, Nachricht

对方	N	duìfāng	andere Seite, Gegner, Partner

双方 beide Seiten

服务	N/VO$_{Präp}$	fúwù	Service, dienen

1）这家饭店的服务不错。
2）他在为客人服务。

随时	Adv	suíshí	zu jeder Zeit

随时随地 zu jeder Zeit und an jedem Ort

转帐	Vg	zhuǎn zhàng	(Geld) überweisen

请把钱转到他的帐上。

付款	Vg	fù kuǎn	zahlen

付钱 zahlen (umgangssprachlich)
他不能马上付款。

各行各业	R	gè háng gè yè	alle Branchen

行业 Branche
今天来的有各行各业的人。

夸大	VO	kuādà	übertreiben

请你别夸大事实。

要求	VO$_{Pers}$O$_V$	yāoqiú	verlangen, fordern

老师要求学生做作业。

估计	VO$_{Satz}$/N	gūjì	einschätzen

1) 我估计他们明天会订票。
2) 你的估计差不多。

预言	VO/N (种)	yùyán	vorhersagen, Vorhersage

他的预言实现不了。

适应	VO	shìyìng	sich anpassen

1）他很快适应了上海的生活。
2）我对这里的生活还不太适应。

减少	V/VO	jiǎnshǎo	reduzieren

1) 班上的学生人数减少了20人。
Die Zahl der Studenten in der Klasse hat sich um 20 reduziert.

2）班上的学生人数减少到20人。
Die Zahl der Studenten in der Klasse hat sich auf 20 reduziert.

接触　　　VO/N　　　jiēchù　　　Kontakte haben

1）他接触了各行各业的人。

2）我最近跟别人的接触不多。

尽早　　　Adv　　　jìnzǎo　　　möglichst früh

尽快 möglichst schnell

语法和解释

1　„电脑对我们的生活进行一场革命": 进行 ist ein Funktionsverb mit der Bedeutung „durchführen". Die Bedeutung dieses Verbs ist verblasst, es trägt hauptsächlich grammatische Funktion (vgl. Lektion 1, Anmerkung 4). Das Objekt des nominalisierten Vollverbs wird durch die Präposition 对 wiedergegeben 对我们的生活:

1）电脑革我们生活的命。 —> 电脑对我们的生活进行一场革命。

2）他们研究电脑。 —> 他们对电脑进行研究。

2　„国际互联网、信息高速公路、电子邮件、电脑购物...，新名词的不断出现，宣告了一个新的时代即将到来": In diesem Satz ist 不断出现 mit dem Attribut 新名词 das Subjekt, die davor stehenden Formulierungen fungieren als Apposition zu 新名词. Dem Prädikat 宣告 folgt der Objektsatz 一个 新的时代即将到来.

3　„电脑就像天书一样复杂": 天书 bedeutet eigentlich „von Gott offenbarte Schriften". Die Bedeutung wird dann im übertragenen Sinne mit dem deutschen Ausdruck „Buch mit sieben Siegeln" gleichgesetzt.

4　„电脑总有一天将会进入家庭": 总 als Adverb hat mehrere Bedeutungen. Hier bedeutet es „bestimmt" und ist schwächer als 一定. Weitere Beispiele:

1）英语不难。只要你愿意，总学得会。

Englisch ist nicht schwer. Wenn du nur willst, wirst du es bestimmt erlernen.

2）他总有一天会知道的。

Er wird es bestimmt eines Tages erfahren.

将 ist ein Adverb mit der Bedeutung „zukünftig". Das Modalverb 会 bringt eine bestimmte Vermutung zum Ausdruck. Weitere Beispiele:

1）他明天不会来。

2）学中文的人会越来越多的。

5 „你 ... 一定会发现这样的话": 会 drückt hier ebenfalls eine Vermutung aus. Durch das Adverb 一定 wird diese Vermutung verstärkt: „... (wird) bestimmt (geschehen)".

6 „要求会使用电脑": Diese Formulierung entspricht im Deutschen „EDV-Kenntnisse sind erforderlich".

7 „到了2000年": 到了 ist hier eine Präposition mit der Bedeutung „wenn ein Zeitpunkt erreicht wird". Es steht meistens mit einem zeitlichen Ausdruck zusammen:

到了星期天我才能休息。

Erst am Sonntag kann ich mich erholen.

8 „为了适应信息时代的需要": 为了 ist eine Konjunktion und drückt eine Absicht aus. Es entspricht „um ... zu" und „damit" im Deutschen:

1）为了学太极拳，我上了一个星期的课。

2）为了让他好好玩，我陪了他一天。

练习

1. 课文提问 Fragen zum Text:
    (1) 电脑对我们的生活有什么影响？
    (2) 第一部个人电脑是什么时候出现的？
    (3) 使用电脑难吗？
    (4) 电脑有哪些作用？
    (5) 找工作和使用电脑有什么关系？
    (6) 尽早学电脑有什么好处？

2. 造句 Bilden Sie Sätze:
   (1) 进行
   (2) 出现
   (3) 即将
   (4) 相当
   (5) 普通
   (6) 估计
   (7) 适应
   (8) 要求
   (9) 接触

3. 转换句型 Formulieren Sie die folgenden Sätze mit 进行 um:
   Beispiel:　　他们研究了十种不同的电脑。
   　　　　—> 他们对十种不同的电脑进行了研究。
   (1) 同学们讨论了住房问题。
   (2) 她了解大学图书馆的情况。
   (3) 父母资助(zīzhù: finanzieren)孩子上大学。
   (4) 中学生认真挑选上大学的地方。
   (5) 一个不认识的人热情地帮助我。
   (6) 这个问题我可以说明。

4. 完成句子 Vervollständigen Sie die Sätze:
   (1) 对我来说 _____。
   (2) 对中文系来说 _____。
   (3) 对想学中文的人来说 _____。
   (4) 对找房子的人来说 _____。
   (5) 对旅游的人来说 _____。

5. 填空 Füllen Sie die Lücken mit 会 oder 能:
   (1) 我们已经等了两个小时了，他不 ____ 来了。
   (2) 我的电话机坏了，不 ____ 给你们打电话了。
   (3) 三天以后 他一定 ____ 把书还给你的。
   (4) 你 ____ 帮我把这本书还给图书馆吗？
   (5) 我明天 ____ 告诉你们，我是怎么想的。
   (6) 我认为，每个人都 ____ 学 ____ 使用电脑。

6. 用中文解释 Erklären Sie die folgenden Begriffe auf Chinesisch:
   (1) 电子邮件
   (2) 日新月异
   (3) 天书
   (4) 电脑购物
   (5) 家用电器

7. 用"到了"回答问题 Beantworten Sie die Fragen mit 到了:
   Beispiel:　这里什么时候下雨下得多？（七月）
   —> 到了七月，这里下雨下得多。
   (1) 你什么时候有时间跟我们去旅游？（放暑假的时候）
   (2) 你昨天什么时候才睡觉？（早上五点）
   (3) 教室里什么时候人山人海？（上经济课的时候）
   (4) 什么时候去圣保利的游客最多？（夏天）

8. 翻译 Übersetzen Sie ins Deutsche:
   (1) 有相当多的人不想参加这个会。
   (2) 她的中国菜做得相当不错，你应该多吃一点。
   (3) 他相当了解法国人的生活习惯，因为他在法国住过好几年。
   (4) 我朋友上大学已经一年多了，还不大适应大学的生活。
   (5) 他虽然是南方人，但很快就适应了北方的气候。
   (6) 没几天我就适应了公司的工作环境。

9. 用"为了"组句 Verbinden Sie die Sätze mit 为了：
   Beispiel:　　狐狸让老虎相信它。狐狸大喝一声。
   　　　　—>　为了让老虎相信它，狐狸大喝一声。
   (1)　我不让他逃跑。我紧紧地跟着他。
   (2)　他坐着做笔记。他很早就去教室了。
   (3)　他多晒太阳。他常常去南方。
   (4)　他们学习打太极拳。他们准备去中国。

10. 翻译 Übersetzen Sie ins Chinesische:
    (1) Man darf die Schwierigkeiten bei der Arbeit nicht überschätzen. (夸大)
    (2) Nach meiner Schätzung werden wir in zwei Wochen diese Arbeit abgeschlossen haben. (估计)
    (3) Ich schätze, dass der Zug jetzt eine Geschwindigkeit von 180 km/h erreicht hat. (估计)
    (4) EDV-Kenntnisse gehören heutzutage zu den üblichen Anforderungen. (普通)
    (5) Wenn das Problem nochmal auftauchen sollte, was kann ich dagegen tun? (出现)
    (6) Computer erfüllen heutzutage verschiedene Funktionen. Man kann damit nicht nur rechnen oder Artikel schreiben, sondern auch Briefe verschicken oder Geld überweisen. (作用)

11. 写作文 Schreiben Sie einen kurzen Text zur folgenden Frage:
    有人说，"不会电脑就找不到好工作"，你觉得对吗？

12. 阅读课文 Lesetext:

爱电脑的先生

结婚以前，我就知道我当时的男朋友喜欢玩电脑，结婚后我才发现，他是多么地爱电脑，可以说超过了对我的爱。

说句真心(1)话，我不知道自己是他的老婆(2)还是他的保姆(3)。他的事什么都要我来管，从起床吃饭，到穿衣睡觉。以前，他如果下班早的话，还会买菜做做饭。后来，每天都是我做好了饭他才回来。吃完饭，他会马上打开电脑，玩游戏或者上网(4)，不洗碗(5)，也不做家务。吃完饭后，我站着也好，坐着也好，看电视也好，听音乐也好，他问也不问。只有上厕所(6)的时候才会想到我，最多和我说两句话，说完就走。

每到周末，他就特别高兴。每个星期五、星期六的晚上，他都不会早睡，什么时候上床我不知道。要是问他，他说一点多，可是第二天却听到他和朋友打电话说，打游戏打到天都亮了。如果有时我出差(7)或跟单位(8)去旅游，他总是特别高兴，没有人管他了，他也不用戴耳机玩了。他出差的时候，会很大方(9)地把电脑给我用，还为我安装(10)什么"大富豪"(11)或赛车等游戏。他出完差一到家，电脑就又是他的了。

我经常在想，他是不是几年后还这么喜欢玩？有了孩子以后是不是会好些？我想问他，到底爱我多一点还是爱电脑多一点！

我的先生？是爱玩电脑的先生！

Lektion 8

生词

1. 真心　　　zhēnxīn　　　echt, ehrlich
2. 老婆　　　lǎopo　　　　Ehefrau
3. 保姆　　　bǎomǔ　　　 Dienstmädchen
4. 上网　　　shàng wǎng　 im Netz sein
5. 洗碗　　　xǐ wǎn　　　 Geschirr abwaschen
6. 厕所　　　cèsuǒ　　　　Toilette, WC
7. 出差　　　chū chāi　　　Dienstreise machen
8. 单位　　　dānwèi　　　　Einheit
9. 大方　　　dàfang　　　　großzügig
10. 安装　　　ānzhuāng　　　installieren
11. 大富豪　　dàfùháo　　　 steinreicher Mann

回答问题 Beantworten Sie die folgenden Fragen:

(1) 结婚时"我"知道男朋友什么？
(2) 他从来就是什么事也不做吗？
(3) 他吃完饭干什么？
(4) 他总是问"我"站着还是坐着好，对吗？
(5) 到了周末，他为什么特别高兴？
(6) 妻子出差他为什么高兴？
(7) 他出差的时候，电脑怎么样？

第9课： 儿童与电脑

对儿童来说，电脑是一种玩具。跟传统的儿童玩具相比，许多孩子更喜欢电脑游戏。他们在玩的过程中[1]熟悉了键盘和程序，练习了反应和配合，在使用电脑方面[2]早就超过了爸爸和妈妈。

电子和电脑游戏属于20世纪90年代的文化现象。在德国，大约有480万个家庭有电子游戏机。有将近四分之一的孩子每天玩游戏机。根据1993年底的一个调查，有一半[3]的孩子希望圣诞节礼物是电子游戏机。

孩子们对电脑和电子游戏的兴趣极[4]大，许多孩子整天坐在游戏机或者电脑前[5]，除了玩游戏，其它什么也不

——摘! 丁聪

想。为了赚钱，传统的玩具商店不仅[6]卖普通玩具，也卖各种各样的电子游戏。

其实，个人电脑主要不是儿童玩具，而是学习和交际工具。电脑软件可以使学生把兴趣跟学习结合起来[7]。在学习软件的帮助下，学生可以学习外语生词，做数学题。电脑极有耐心，可以重复各种练习。你要它重复多少次，它就重复多少次。练习做对了，它还会用友好的话语或音乐进行表扬。

"不久的将来[8]，电脑将完全代替有血有肉的老师"，这是美国教育家的梦想。在德国，人们虽然还没这样想，但是许多教师在考虑，怎样把电脑用在教学上。今天的学生是在熟悉各种机器的过程中长大的。除了电视机、录像机、音响以外，越来越多的人有了电脑。对三分之一的中小学生来说，电脑已经属于日常生活的一部分[9]了。他们经常在一起讨论软件、硬件，交流经验。大学生就更离不开电脑了。他们用电脑做作业、写论文，比用打字机快好多倍，而且也好得多。

孩子们对电脑特别感兴趣，其中一个原因，是电脑要听人的命令。有个老师发现，平时成绩不太好的学生，在使用电脑时往往收获最大。当然[10]，电脑用得太多也不好。如果一个孩子每天下午只知道玩电子或电脑游戏的话，社会交往就会减少。有些父母担心，他们的孩子受电脑游戏的影响太深而脱离现实世界。

生词

儿童	N(个)	értóng	Kind
与	K	yǔ	und
	你与他 du und er		
游戏	N(种)	yóuxì	(Gesellschafts-)Spiel
	玩游戏 ein Spiel spielen		
过程	N(个)	guòchéng	Prozess, Verlauf
熟悉	Ev/VO	shúxī	vertraut, sich auskennen
	1）他对汉堡很熟悉。		
	2）我熟悉了这里的工作。		
键盘	N(个)	jiànpán	Tastatur
	盘子 Teller		
程序	N(个)	chéngxù	Programm, Verfahren
	中文程序 chinesisches Programm，工作程序 Arbeitsverfahren		
反应	N/VO_Präp	fǎnyìng	Reaktion, reagieren
	1）学生对讲座的反应不错。		
	2）他对我说的话没有反应。		
配合	N/VO	pèihé	Koordination, koordinieren
	1）玩游戏机时两只手的配合很重要。		
	2）我要好好地配合你。		

方面	N(个)	fāngmiàn	Hinsicht, Aspekt

在 ... 方面:
在学习方面 hinsichtlich des Lernens

属于	VO	shǔyú	gehören, zählen

对很多人来说，电脑属于生活中不可少的东西了。

现象	N(种)	xiànxiàng	Erscheinung, Phänomen
调查	N/VO	diàochá	Untersuchung, untersuchen

1）他们作了一个调查。
2）北京市调查了人口的情况。

一半	N	yībàn	Hälfte

一小半，一大半

整	Ev*	zhěng	vollständig, ganz

整天 den ganzen Tag，整个公司 die ganze Firma

赚钱	Vg	zhuàn qián	Geld verdienen

我不想赚什么大钱。

不仅 ... 也 (而且) K		bùjǐn ... yě (érqiě)	nicht nur ... sondern auch

她不仅会唱歌，也 (而且) 会跳舞。

各种各样	R	gè zhǒng gè yàng	verschieden, alle

他有各种各样的邮票。

交际	N/VO$_{Präp}$	jiāojì	Kommunikation, kommunizieren

1）他喜欢交际。
2）她不大喜欢和人交际。

工具	N	gōngjù	Mittel, Werkzeug

具 Suffix für Gerät:
文具 Schreibwaren，茶具 Teeservice

软件	N (个)	ruǎnjiàn	Software
结合	VO$_{Präp}$O$_{Präp}$	jiéhé	verbinden

他把玩和学习结合起来。

数学题	N (道)	shùxuétí	Mathematikaufgabe

耐心	Ev	nàixīn	geduldig

他对什么事都没耐心。

重复	VO	chóngfù	wiederholen

请你重复一下你的话。

vgl.: 重 zhòng (schwer)：这几本书不重，很轻。

表扬	VO	biǎoyáng	loben
代替	VO	dàitì	ersetzen

谁也代替不了他。

有血有肉	R	yǒu xuè yǒu ròu	aus Fleisch und Blut
梦想	N/VO	mèngxiǎng	Traum, träumen

1) 他的梦想是上月球。
2) 他梦想上月球。

考虑	VO/N	kǎolǜ	überlegen, Überlegung

1) 我在考虑什么时候去。
2) 你有什么考虑吗？

教学	N	jiàoxué	Unterricht
机器	N (台)	jīqì	Maschine
录像机	N (台)	lùxiàngjī	Videorecorder
音响	N (台)	yīnxiǎng	Stereoanlage
日常	Adv	rìcháng	alltäglich

日常生活 Alltagsleben

硬件	N	yìngjiàn	Hardware
交流	VO	jiāoliú	austauschen

我跟他交流开车的经验。

经验	N (种)	jīngyàn	Erfahrung

交流经验 Erfahrungen austauschen

论文	N (篇)	lùnwén	Abhandlung, Aufsatz
打字机	N (台)	dǎzìjī	Schreibmaschine
命令	VO$_{Pers}$O$_V$/N	mìnglìng	befehlen, Befehl

他命令我开快一点儿。

收获	N/VO	shōuhuò	Ernte, Erfolg, ernten

我今天收获不小。

担心	VO_Satz	dānxīn	sich sorgen um

他担心时间是不是太短了。

脱离	VO	tuōlí	sich trennen von

脱离社会 der Gesellschaft fernbleiben

脱 sich ausziehen: 脱衣服 die Jacke ausziehen

现实	N/Ev	xiànshí	Realität, realistisch

1) 说话不能脱离现实。
2) 他这个人很现实。

专有名词

圣诞节	Shèngdànjié	Weihnachten

语法和解释

1. „他们在玩的过程中熟悉了键盘和程序": 在 ... 中 besteht aus der Präposition 在 und dem Ortsnomen 中, ähnliche Kombinationen sind 在 ... 上 und 在 ... 下. Diese Präpositionalkonstruktionen können einerseits eine konkrete Bedeutung haben, nämlich „in" im Sinne von „in etwas drin", „auf" im Sinne von „oben auf" und „unter" im Sinne von „unten von", andererseits können sie auch eine abstrakte Bedeutung haben:

   在 ... 中 (u.a. „während") kann einen Prozess oder Vorgang bezeichnen,
   在 ... 上 (u.a. „hinsichtlich") kann auf einen Aspekt hinweisen, und 在 ... 下 („mit" oder „mittels") kann eine Art und Weise zum Ausdruck bringen.
   Weitere Beispiele für 在 ... 中:
   在工作中 während der Arbeit
   在翻译的过程中 im Verlauf des Übersetzens

2. „在使用电脑方面": 在 ... 方面 ist auch eine Kombination der Präposition 在 mit einem Nomen. Es bedeutet „hinsichtlich" und kann oft durch 在 ... 上 (umgangssprachlich) ersetzt werden:

在学习汉语方面 = 在学习汉语上

在人类的发展方面 = 在人类的发展上

3 „有一半的孩子": 一半 heißt „die Hälfte". Es kann durch ein Eigenschaftsverb näher modifiziert werden:

一小半: 这本书我看了一小半。

Das Buch habe ich kaum zur Hälfte gelesen.

一大半: 我的书一大半是中文的。

Meine Bücher sind mehr als zur Hälfte chinesisch.

4 „孩子们 ... 兴趣极大": 极 als Adverb bedeutet „äußerst". Es bestimmt hauptsächlich Eigenschaftsverben näher, kann aber auch manche Verben modifizieren:

今天的天气极好。

他极想去旅游。

5 „坐在游戏机前": 在游戏机前 fungiert hier als Lokalobjekt. Eine kleine Gruppe von einsilbigen Verben (z.B. 站, 坐, 躺, 睡), die einen Zustand bezeichnen, erfordert immer dann eine Ergänzung, (z.B. Verbalsuffixe 了, 着, 过, oder Komplemente 下, 好), wenn das von der Präposition 在 eingeleitete Lokalobjekt dem Prädikat vorangestellt wird:

他坐在游戏机前 —> 他在游戏机前坐着/过/好/下

Die Formulierung 他在游戏机前坐 gilt als ungrammatisch.

6 „传统的玩具商店不仅卖普通玩具，也卖各种各样的电子游戏": 不仅 ist eine Konjunktion mit der Bedeutung „nicht nur". Es kann sowohl mit 也 als auch mit 而且 (sondern auch) zusammen verwendet werden, die Bedeutung ist gleich:

玩具店不仅卖玩具，也卖书。

玩具店不仅卖玩具，而且卖书。

7 „电脑软件可以使学生把兴趣跟学习结合起来": Das Verb 结合 wird in der Regel zusammen mit dem zusammengesetzten Komplement der Richtung 起来 verwendet. Es verlangt zwei Präpositionalobjekte, die durch 把 und 和/跟 eingeleitet werden:

Lektion 9

他把跳舞和休息结合起来。

孩子们把玩跟学习结合起来。

8 „不久的将来" bedeutet „in absehbarer Zeit".

9 „属于日常生活的一部分": 属于 ... 一部分 ist eine feststehende Wendung, man kann sie als „gehören zu" übersetzen. 部分 ähnelt von der Anwendung her 一半.

10 „当然, 电脑用得太多也不好": Mit 当然 reagiert der Sprecher auf eine vorangehende Äußerung und verweist gleichzeitig auf eine ergänzende Aussage, die die vorherige Äußerung durch ein zusätzliches Argument einschränkt. In dieser Bedeutung steht es meistens am Anfang eines Satzes:

打太极拳很好。当然, 要天天打才行。

练习

1. 课文提问 Fragen zum Text:
   (1) 孩子玩电脑可以学到什么？
   (2) 孩子整天玩电脑游戏好吗？
   (3) 学生可以用电脑做什么？
   (4) 为什么说电脑有耐心？
   (5) 孩子们为什么对电脑特别感兴趣？
   (6) 电脑用得多了好吗？

2. 造句 Bilden Sie Sätze:
   (1) 熟悉
   (2) 配合
   (3) 结合
   (4) 梦想
   (5) 属于
   (6) 交流
   (7) 担心
   (8) 脱离

3. 转换句型 Formulieren Sie die folgenden Sätze um:
   Beispiel: 老师把这个同学送回家了。(被)
   —> 这个同学被老师送回家了。
   (1) 这部电影影响了很多孩子。(受)
   (2) 这种工作大学生们很欢迎。(受)
   (3) 人们把这个城市分为九个区。(被)
   (4) 他昨天就把这封信寄走了。(被/叫)
   (5) 晚上他们找到了住的地方。(叫)

4. 翻译 Übersetzen Sie ins Deutsche:
   (1) 我们俩是十年的老同学，我对他太熟悉了。
   (2) 经过一个月的学习，他熟悉了这种中文软件
   (3) 他对图宾根大学非常熟悉，请他介绍一下大学的情况吧。
   (4) 孩子到现在还没有回家，他妈妈很担心。
   (5) 你不用担心我的身体，我只是有点儿感冒。
   (6) 她对你的担心我听说了，还是小心点儿好。

5. 造句 Bilden Sie Sätze mit den folgenden Ausdrücken:
   (1) 在学习上
   (2) 在生活上
   (3) 在使用电脑方面
   (4) 在进出口方面

6. 填空 Füllen Sie die Lücken mit 上, 下, 中, 前, 方面:
   (1) 他在游戏机 _____ 坐了整整五个小时。
   (2) 在使用电脑 _____ 孩子超过了父母。
   (3) 在学习软件的帮助 _____，学生可以作练习。
   (4) 在玩的过程 _____ 可以学到很多东西。
   (5) 他在学习 _____ 很努力，四年就毕业了。
   (6) 在上课的同学 _____ 有几个去过中国。

Lektion 9

7. 转换句型 Formulieren Sie die Sätze mit 极了 um:

Beispiel: 这本书我极喜欢。
—> 这本书我喜欢极了。

(1) 野羊极害怕老虎。
(2) 这匹马跑得极快。
(3) 大学的住房情况极紧张，宿舍里只能住下300人。
(4) 这里的学习气氛极浓，你来这儿吧。

8. 填空 Füllen Sie die Lücken mit 不仅 ... 而且, 不管 ... 还是, 虽然 ... 但是:

(1) 汉堡有90多个领事馆，_____是欧洲第一，_____是世界第一。
(2) 小王_____有电脑，_____有时还用打字机。
(3) 他_____愿意跟外地人交朋友，_____愿意跟外国人交朋友。
(4) _____是外地人_____外国人，他都喜欢跟他们聊天。
(5) 中国西部的经济_____还不太发达，_____这种情况正在改变。
(6) 你_____去一个月_____一年，都要带上健康证明。

9. 转换句型 Formulieren Sie die Sätze mit 一半 oder (一)部分 um:

Beispiel: 有些人喜欢电脑，有些人不喜欢。
—> 一部分人喜欢电脑，一部分人不喜欢。

(1) 这个班有50%的同学天天玩游戏。
(2) 有些商店不卖普通玩具。
(3) 这些数学题只有50%的同学做对了。
(4) 我看见一些孩子在一起交流经验。

10. 翻译 Übersetzen Sie ins Deutsche:

(1) 中德两国之间的文化交流越来越多。
(2) 孩子们交流 使用电脑的经验。
(3) 他们俩很不一样，但在工作上配合得很好。

(4) 小张配合老张把问题解决了。
(5) 踢(tī, spielen)足球配合很重要,一个人踢得好没有用。

11. 翻译 Übersetzen Sie ins Chinesische:
In der letzten Zeit sind die Computer immer wichtiger geworden. Mit dem Computer kann man heutzutage viel machen: Zeitung lesen, fernsehen, überweisen, einkaufen usw. Wenn man per E-Mail einen Brief schreibt, wird ihn der Empfänger nicht nur sofort erhalten, sondern kann ihn auch gleich beantworten. Man kann sagen, der Computer hat das Leben der Menschen verändert.

Für Kinder ist ein Computer kein Werkzeug, sondern ein sehr beliebtes Spielzeug. Sie lernen spielend damit umzugehen. Viele von ihnen lernen viel schneller und viel besser als ihre Eltern. Natürlich ist es nicht gut, wenn Kinder den ganzen Tag vor dem Computer sitzen.

12. 阅读课文 Lesetext:

电 脑 梦

小胡是经济学院毕业的大学生,毕业后到一家高科技公司工作。他工作十分努力,不久成为公司的经理。

由于工作关系,更由于个人的爱好(1),小胡非常喜欢电脑,可以说入了迷(2)。跟别人说话,不是键盘就是鼠标(3),脑子里想的是硬件,梦中见到的是软件。他结婚时买的洗衣机、电视机、冰箱、音响、空调(4),都是带电脑的,自动控制(5)。平时出门,小胡总是打的(6),出租车上有电脑控制的自动计时器。上饭店吃饭,有电脑算账(7),去百货公司买东西,可以用电脑付钱。

有一天,小胡因为太累了,在公司的沙发上睡着了。他做了一个梦:因为工作太忙,他生病了。他不想到普通的医院看病,就到了一家电脑医院。医院里只有一个有血有肉的工作人员(8)。这个人告诉小胡，电脑医院的大夫就是电脑。电脑给病人提供各种各样的服务：电脑检查、电脑诊断(9)、电脑治疗(10)、电脑开药、电脑开刀(11) ... 小胡听了非常高兴，觉得这是世界上最好的医院。他来到一台电脑前，电脑马上请他在旁边的一张床上躺(12)下来。他躺下来以后，电脑什么问题也不问，就开始对他进行检查。两分钟以后，电脑告诉小胡，他身上到处(13)都是病，必须马上开刀。小胡一听急了，马上从床上跳了下来 ...

小胡醒(14)了，他忽然觉得，电脑并不那么好...

生词

1.	爱好	àihào	Vorliebe, mögen
2.	入迷	rù mí	besessen sein
3.	鼠标	shǔbiāo	Computermaus
4.	空调	kōngtiáo	Klimaanlage
5.	自动控制	zìdòng kòngzhì	Automatik
6.	打的	dǎ dī	ein Taxi nehmen (*neuer Ausdruck für* 坐出租汽车)
7.	算帐	suàn zhàng	die Rechnung ausstellen
8.	工作人员	gōngzuò rényuán	Mitarbeiter
9.	诊断	zhěnduàn	Diagnose
10.	治疗	zhìliáo	behandeln
11.	开刀	kāi dāo	operieren
12.	躺	tǎng	sich hinlegen
13.	到处	dàochù	überall
14.	醒	xǐng	wach werden, erwachen

回答问题 Beantworten Sie die folgenden Fragen:
(1) 小胡毕业以后，工作上怎么样？
(2) 小胡的爱好是什么？为什么说他入了迷？
(3) 小胡结婚时买的东西有什么特点？
(4) 小胡生病了，他想找一家普通医院看病吗？
(5) 电脑医院一个人也没有吗？
(6) 在医院里电脑可以提供什么服务？
(7) 电脑对小胡的诊断是什么？
(8) 小胡为什么从床上跳下来？

第10课: 变 化[1]

我的处女作"一张车票"终于在报上发表了。同事们围着我，要我请客。

讲卫生
命 题

浪费水
吴兴宏

没办法，我只好买一包好烟，一人一支地分起来[2]。发到王主任时，他阴沉着脸，鼻子"哼"了一声，从衣袋里掏出了自己的一支"过滤嘴"。

"他为什么冷淡我呢？难道[3]我刚才讲话时不注意，伤了他的面子[4]？"我知道，王主任是很爱面子的。

下午，王主任找我谈话了："小黄，我们说话做事应该实事求是。"

"我…"我不明白，他讲的话是什么意思。

"王主任，我有什么不对的地方，就请您指出来吧。"

"你的那篇文章，里面的情节是真实的吗？"王主任严肃地问道。

他一问，我明白了。原来，我的那篇小说写的是一个主任利用职权开后门的事，没想到王主任会自己"对号入座"。我忙[5]解释说："王主任，我那篇小说中的情节是虚构的，其实并没有那么回事，请您不要误会…"

"嗯。"王主任的态度缓和了一些，"当然，我也知道…不过嘛[6]，我看你还是少写点小说什么的[7]，没事做嘛，打打扑克，看看电视，不也是很好嘛[8]！再说，每天晚上写得那么晚，也影响工作呀。"

我决定不写小说了。不过，我桌子上的一篇短篇小说已经抄好了，不寄出去又觉得可惜，便[9]寄了出去。

说起来有人可能不会相信，我的这篇小说又发表了，里面写的是一个领导干部带头抵制不正之风的事迹。我的心里不安，深怕王主任又找我谈话，说我不务正业。

"小黄，你这篇文章写得不错嘛！"他总爱[10]把小说说成文章，"我看你有出息，今后好好练，多看看书。嗯，希望你写出更多更好的文章！"王主任又找我谈话了，不过，这次谈话的态度出乎我的意料。

生词

变化	N(种)	biànhuà	Veränderung, Wandel

北京这两年有了很大变化。

处女作	N(篇)	chǔnǚzuò	Erstlingswerk

处女 Jungfrau
作: 作品 Werk, 作家 Schriftsteller

终于	Adv	zhōngyú	endlich

我们终于学完了这本书。

发表	VO	fābiǎo	veröffentlichen

他已经发表了三本小说了。

围	VO	wéi	umgeben

许多人围着这个有名的作家。

只好	Adv	zhǐhǎo	es bleibt einem nichts anderes übrig als

人太多了，我只好坐地下。

发	VO	fā	verteilen

发书 Bücher verteilen

阴沉	Ev	yīnchén	finster, düster

阴沉的天 trübes Wetter, 阴沉的脸 finsteres Gesicht

衣袋	N	yīdài	Tasche in der Kleidung

掏	VO	tāo	herausholen

他从衣袋里掏出香烟。

过滤嘴	N	guòlǜzuǐ	Filter *(hier als Abkürzung für*

过滤 filtern   过滤嘴香烟*)*

难道	Adv	nándào	wirklich

难道你不相信我吗？

伤面子	R/V	shāng miànzi	(jmds. Gefühle) verletzen

伤: 受伤 verletzt werden
你这样说会不会伤别人的面子？

实事求是	R/V	shí shì qiú shì	„die Wahrheit in den Tatsachen suchen" *(politischer Slogan)*
指	VO	zhǐ	zeigen, deuten

请你把问题指出来。

情节	N(个)	qíngjié	Handlung

电影的情节 Handlung des Films

真实	Ev	zhēnshí	wahr, echt

真实的故事 eine wahre Geschichte

严肃	Ev	yánsù	ernst
原来	Adv	yuánlái	1) ursprünglich, einst; 2) also

1）上海原来很小。
2）原来是你啊！

利用	VO	lìyòng	nutzen, ausnutzen

1）他会利用人。
2）这个机会我们应该好好利用利用。

职权	N(种)	zhíquán	Amtsgewalt, Macht

职业 Beruf
权力 Macht *vs.* 权利 Recht

开后门	R/V	kāi hòumén	die Hintertür nutzen

这套房子是他开后门找的。

对号入座	R/V	duì hào rù zuò	1) einen nummerierten Platz einnehmen; 2) etwas auf sich beziehen

1) 在电影院要对号入座。
2) 这件事请你不要对号入座。

解释	VO	jiěshì	erklären, erläutern

请你把这个成语解释一下。

虚构	VO	xūgòu	erfinden

虚 leer *vs.* 实 voll
这个故事是虚构的。

回	ZW	huí	ZW für 事, 事情
误会	N/VO	wùhuì	Missverständnis, missverstehen
态度	N(种)	tàidu	Haltung, Einstellung

我对这件事的态度大家都知道。

缓和	V	huǎnhé	entspannen

他说话时态度很缓和。

嘛	Pa	ma	modale Satzpartikel
扑克	N	pūkè	Spielkarten, Poker

打扑克 Karten spielen

呀	Pa	ya	modale Satzpartikel
决定	VO$_v$/N	juédìng	entscheiden, Entscheidung

他决定换房间。

短篇小说	N (篇)	duǎnpiān xiǎoshuō	Erzählung, Kurzgeschichte
抄	VO	chāo	abschreiben

抄生词 Vokabeln abschreiben

便	Adv	biàn	dann

他一上床便睡着了。

领导	N(位)	lǐngdǎo	Leiter, Vorgesetzte/r
干部	N(位)	gànbù	Funktionär, Kader
带头	Vg	dài tóu	mit gutem Beispiel vorangehen

他带头走出教室。

抵制	VO	dǐzhì	widersetzen

不正之风	R/N	bù zhèng zhī fēng	„ungesunde" Tendenzen

抵制不正之风 sich „ungesunden" Tendenzen widersetzen

事迹	N(个)	shìjì	Heldentat
不安	Ev	bù'ān	beunruhigt, nervös

她几天没来，我心里很不安。

不务正业	R/V	bù wù zhèngyè	die berufliche Arbeit vernachlässigen
有出息	R/Ev	yǒu chūxì	große Zukunft haben

这个孩子会有出息的。

今后	N	jīnhòu	in der Zukunft
嗯	I	ng	hm
出乎意料	R/V	chūhū yìliào	alle Erwartungen übertreffen

晚会上人这么多，出乎我的意料。

语法和解释

1 „变化" ist hier ein Nomen. 变, 变化 und 改变 unterscheiden sich wie folgt voneinander: 变 kann nur als Verb verwendet werden, während 变化 als Verb und auch als Nomen gebraucht werden kann. 变化 wird im Deutschen mit „Veränderung", 变 mit „sich ändern" oder „werden zu" wiedergegeben:

1）北京变大了。

Beijing ist größer geworden.

2）北京变化大了。

Beijing hat sich stark verändert.

Anders als 变 und 变化 verlangt 改变 als Verb ein Objekt:

3) 老王改变了他的想法。

2 „一人一支地分起来" bedeutet 一人分一支烟 (jedem eine Zigarette geben). Der idiomatische Ausdruck 一人一 ... plus ZW dient hier als Adverbialbestimmung. Das Zählwort bezieht sich auf das Objekt des vorangegangenen Satzes 香烟. Weitere Beispiele mit 一人一 ... :

1) 一人一句地说起来 (每人说一句话)

2) 一人一碗地吃起来 (每人吃一碗饭)

3 „难道我刚才讲话时不注意…": 难道 gehört zu den „beweglichen" Adverbien. Es kann vor oder nach dem Subjekt stehen und wird oft in einem mit 不 verneinten Satz verwendet. Damit wird eine Suggestivfrage formuliert:

1) 难道你不认识我了？

2) 你难道不会用中文软件？

4 面子 entspricht von der Wortbedeutung her 脸 (Gesicht), wird aber heute fast ausschließlich in Redewendungen verwendet:

要面子 oder 爱面子: auf das Image achten (Gesicht wahren)

丢面子: Gesicht verlieren

伤面子: jemanden kränken

5 „我忙解释说": 忙 hat zwei Bedeutungen: a) „sofort", „schnell"; b) „beschäftigt sein". Hier ist die Bedeutung a) gemeint. Zum Vergleich:

1) 我忙解释说 ＝我马上解释说

2) 我忙得很 ＝我有很多事情要做

6 „不过嘛": 嘛 ist eine modale Satzpartikel und kann a) eine Sprechpause markieren, b) ausdrücken, dass eine Aussage oder Schlussfolgerung diskussionslos zu akzeptieren ist. Hier hat 嘛 die Bedeutung von a).

7 „我看你还是少写点小说什么的": 什么的 wird umgangssprachlich für 等 (usw.) oder 和其它东西 verwendet.

8 „不也是很好嘛!" kann mit „das ist doch auch nicht schlecht" übersetzt werden. 不也是 ist keine Verneinung, sondern leitet eine rhetorische Frage ein, auf die eine zustimmende Antwort erwartet wird („doch").

9 „便寄了出去": 便 ist eine Konjunktion mit der Bedeutung „also, folglich" oder „dann". Es steht oft mit 只要 zusammen:

你只要多听，便能听懂。

一到十点我们便开始打扑克。

10. „他总爱把小说说成文章": 爱 bedeutet hier „man pflegt, etwas zu tun" und steht in dieser Bedeutung sehr oft mit 总 zusammen. Es ist umgangssprachlich und kann durch 喜欢 ersetzt werden:

1) 他总爱把小说说成文章。 = 他总喜欢把小说说成文章。
2) 王主任总爱上班时打扑克。 = 王主任总喜欢上班时打扑克。

练习

1. 课文提问 Fragen zum Text:
    (1) "我"发烟的时候，王主任的态度怎么样？
    (2) "面子"是什么意思？
    (3) "王主任自己对号入座"是什么意思？
    (4) 王主任为什么劝"我"少写小说？
    (5) 第二篇小说写的内容 (nèiróng: Inhalt)是什么？
    (6) 王主任对这篇小说的态度怎样？

2. 造句 Bilden Sie Sätze:
    (1) 变化
    (2) 发表
    (3) 爱面子
    (4) 开后门
    (5) 解释
    (6) 相信
    (7) 带头
    (8) 出乎意料

3. 填空 Setzen Sie 变 oder 变化 ein:
    (1) 他每天去听讲座的习惯一直没有 _____ 。
    (2) 易北河这一百年的 _____ 实在太大了。
    (3) 几年没见，她已经 _____ 成大姑娘了。
    (4) 德国四月的天气 _____ 很大，一会儿出太阳，一会儿下雨。

Lektion 10

4. 填空 Füllen Sie die Lücken mit passenden Zählwörtern:
   (1) 小说借来以后，大家一人一 ____ 地看起来。
   (2) 看见桌子上的咖啡，我们一人一 ____ 地喝起来。
   (3) 上课时，同学们一人一 ____ 地讨论起来。
   (4) 买来了烟，大家一人一 ____ 地抽了起来。

5. 完成句子 Vervollständigen Sie die Sätze:
   (1) 同学们决定 _____ 。
   (2) 谁也不相信 _____ 。
   (3) 请你注意别 _____ 。
   (4) 这本书写的是 _____ 。
   (5) 出乎我的意料，_____ 。
   (6) 希望你 _____ 。

6. 填空 Füllen Sie die Lücken mit 难道, 为了 oder 随着 aus:
   (1) 千里马丢了好几天了，_____ 你一点也不知道吗？
   (2) _____ 这几篇小说的发表，李主任越来越不高兴。
   (3) _____ 把这篇小说抄好，我花了三个晚上的时间。
   (4) 如果别人有困难，我们 _____ 不该帮助他们吗？
   (5) 老师请大家来，是 _____ 向同学们介绍中国的法律。
   (6) _____ 社会交往的减少，有些学生的朋友也越来越少。

7. 翻译 Übersetzen Sie die Sätze ins Deutsche:
   (1) 他这个人很爱面子，你现在不要批评他。
   (2) 我不能让朋友丢面子，她有困难我一定要帮她。
   (3) 以前电视机很难买到，我们家的电视是开后门买的。
   (4) 我还没听说过，打工也要开后门。
   (5) 她的小说写得这么好，出乎很多人的意料。
   (6) 成绩不太好的学生电脑学得很好，很出乎意料。

8. 填空 Setzen Sie 的, 得 oder 地 ein:
   (1) 他在小说中写___那件事不是真的。
   (2) 每天写___那么晚对身体不好。
   (3) 我慢慢___向他说明这件事。
   (4) 他打扑克打___觉也不想睡。
   (5) 他那篇写___不错___文章还没发表。
   (6) 为了完成任务，我几天没好好___休息了。

9. 转换句型 Formulieren Sie die Sätze mit 不也是 um:
   Beispiel: 小王喜欢写小说。小李也喜欢。
   —> 小王喜欢写小说，小李不也是一样吗？
   (1) 我当时没注意这件事。你也没注意。
   (2) 法律系上课时总是人山人海。经济系上课时人也非常多。
   (3) 冬天很冷的地方不舒服。夏天很热的地方也不舒服。
   (4) 我这个人常常发火。他这个人也常常是这样。

10. 用"便"连接句子 Verbinden Sie die Sätze mit 便:
    Beispiel: 你要多听。你能听懂。
    —> 你要多听便能听懂。
    (1) 他跟我说了好几次。我相信他了。
    (2) 小李没发烟给我。我自己从口袋里掏出了一支。
    (3) 孩子们非常喜欢游戏机。父母们给他们买了。
    (4) 人们都说慕尼黑很漂亮。我去玩了一次。

11. 写短文 Schreiben Sie eine kurze lustige Geschichte.

12. 阅读课文   Lesetext:

称　呼(1)

上午，百货大楼的吴(2)书记(3)正在办公室里看文件(4)，一位戴眼镜的同志轻轻推(5)开门伸(6)进头来。

"同志，请问吴明同志在吗？" 来人很有礼貌地问。

"不在"，吴书记头也没抬(7)就回答。

"请问他到什么地方去了？" 来人又问。

"这…" 吴书记有点不耐烦(8)了，说："不知道"。

"对不起！" 来人轻轻地退(9)了出去。

吴书记站起来把门关上，他刚要坐到椅子上，又有人敲门。

"谁？" 他有点生气了。

"是我，吴书记。" 听声音，吴书记知道这是办公室的王秘书，就上前拉开了门。

"什么事？" 他有点不高兴地看着秘书问。

"吴书记，有人找。" 秘书说。

抬头一看，吴书记一愣(10)，原来是刚才那位戴眼镜的同志。

"您就是吴明同志吧？" 来人还是有礼貌地问。

听惯(11)了别人称呼吴书记的吴明同志一愣，啊：原来是找我自己。脸一红，只好回答说："是，是，我叫吴明。"

生词

1. 称呼   chēnghu   Anrede
2. 吴   Wú   Wu *(chin. Familienname)*
3. 书记   shūji   Parteisekretär

4.	文件	wénjiàn	Dokument
5.	推	tuī	drücken, schieben
6.	伸	shēn	strecken, ausstrecken
7.	抬	tái	heben
8.	不耐烦	bùnàifán	ungeduldig
9.	退	tuì	zurücktreten
10.	愣	lèng	verwirrt
11.	惯	guàn	gewöhnt

回答问题 Beantworten Sie die folgenden Fragen:

(1) 吴书记在办公室看文件的时候，发生了什么事情？
(2) 回答问题的时候，他的态度怎么样？
(3) 门关上以后又发生了什么事？
(4) 吴书记怎么知道敲门的是王秘书？
(5) 戴眼镜的人想干什么？
(6) 吴书记为什么说"吴明"不在？

第 11 课： 地 毯

迟教授的专著终于出版了，他得了一笔数目不小的稿费。

迟教授是一个专心学术研究、缺乏[1]生活能力的瘦老头子。自从老伴去世后，全[2]靠我们几个研究生照顾了。这笔钱该怎么用呢？经过"文化大革命"[3]，迟教授家里几乎什么家具也没有了。该买的东西太多了。我们提了一个又一个方案[4]，迟教授却都不同意。

有一天，他带着我们来到百货大楼卖地毯的地方。他看了看一块地毯的大小，就对我们说："就买这个。"

我们几乎同时喊道："您家里什么新式家具也没有，买这么贵重的

地毯干什么呢？""有大用处。这是钱，去交款吧！"我接了钱，还想劝他："就是买，也不用花这么多钱买这种厚地毯…""不不，就买厚的，薄了[5]不管用。"我们没办法，只好交了款，然后用三轮车把地毯运回学校。

到了他的宿舍楼门前，我们把地毯抬到他住的二楼，等着他来开门。没想到，他一边上楼梯一边喊："上楼，抬到三楼去！""上三楼干什么？""听我的[6]，上去就知道了。"我们只好把地毯抬到三楼。他来到住在自己楼上的邻居家门外，轻轻地敲门。里面声音很响，看来[7]没有听见。他又使劲敲了几下，门才打开了，原来是学校食堂的炊事员大王。门虽然只开了一点，屋里的声音却是震耳欲聋。

"是迟先生呀，您可是稀客呀！快请进…"

迟教授说："嗯…是这么回事，我早就想送你一件礼物[8]，不成敬意。"

大王拍着手说："听说您得了一大笔外快，我们也跟着沾光了。小丽，看看谁来了，还不快谢谢…"

忽然,他张着嘴巴说不下去了[9]...我们把地毯抬进了屋里。

被叫做小丽的女主人走出来,刚要表示感谢,一看见地毯,不好意思地说:"您的意...心意我...[10],我们以后一定..."

迟教授笑着说:"别客气,别客气!铺上,铺上!"

女主人想阻拦,迟教授却大声说道:"这有什么呢?铺在你们家,和铺在我家不是一样的嘛!"

回到二楼迟先生的房间,我们都埋怨他不该买地毯,更不该买了送人[11]。

迟教授并不反驳,心满意足地坐在椅子上,望着天花板。听了一会儿,他笑道:"值得,再[12]贵也值得!怎么是送给别人了呢?不是铺在我屋里的天花板上了吗?"

生词

| 专著 | N(本) | zhuānzhù | Monographie |

专家 Experte

| 出版 | VO | chūbǎn | herausgeben |

出版小说 Romane herausgeben

出版社 Verlag

稿费	N(笔)	gǎofèi	(Autoren-)Honorar
	车费 Fahrkosten, 小费 Trinkgeld		
专心	Ev	zhuānxīn	mit ganzem Herzen
	学生们专心地学习。		
学术	N	xuéshù	Wissenschaft
缺乏	VO	quēfá	fehlen
	他这个人缺乏工作经验。		
能力	N(种)	nénglì	Fähigkeit
	工作能力 Arbeitsfähigkeit		
老头子	N(个)	lǎotóuzi	alter Mensch, Alte/r
老伴	N(个)	lǎobàn	alte/r Ehepartner
去世	V	qùshì	sterben
靠	VO	kào	sich stützen
	1）他在生活上靠他的儿子。		
	2）有不少学生靠打工生活。		
研究生	N(个)	yánjiūshēng	Magister- oder Doktorkandidat
	他想读研究生。		
照顾	VO	zhàogù	sich kümmern
	他年纪大了，需要人照顾他。		
方案	N(个)	fāng'àn	Plan, Entwurf
大小	N	dàxiǎo	Größe
	房间的大小 die Größe des Zimmers		
同时	N	tóngshí	zur gleichen Zeit
喊	V/VO	hǎn	schreien, rufen
	1）他大声地喊。		
	2）我喊小王。		
贵重	Ev	guìzhòng	teuer
用处	N(种)	yòngchu	Nutzen
	这本书的用处不大。		

交款	Vg	jiāo kuǎn	(Geld) zahlen

交钱 zahlen (Umgangssprache)

接	VO	jiē	annehmen, etw. auffangen

1）她接过电影票，说了一声谢谢。
2）我去火车站接人。

管用	Ev	guǎnyòng	nützlich sein

这本书不贵，却很管用。

三轮车	N(辆)	sānlúnchē	Dreirad

我不会骑三轮车。

运	VO	yùn	transportieren

他一个人把家具运回家了。

楼梯	N(层)	lóutī	Treppe

电梯 Lift

抬	VO	tái	tragen

请你把音响抬进去。

响	V	xiǎng	ertönen

外面响起了敲门声。

使劲	Vg	shǐ jìn	seine Kräfte anspannen

他使了不少劲。

炊事员	N(个)	chuīshìyuán	Koch
震耳欲聋	R	zhèn ěr yù lóng	ohrenbetäubend

 地震 Erdbeben

稀客	N(个)	xīkè	seltener Gast

稀有 selten, 稀少 wenig, spärlich

不成敬意	R	bù chéng jìng yì	nicht erwähnenswert, nur eine Kleinigkeit

这点小礼物，不成敬意。

拍手	Vg	pāi shǒu	in die Hände klatschen

大家拍手叫好。

外快	N	wàikuài	Extraeinnahme

他赚了不少外快。

沾光	Vg	zhān guāng	profitieren

他因为会说汉语沾了很多光。

张	VO	zhāng	öffnen
嘴巴	N	zuǐbā	Mund

小林张着嘴巴不说话。

心意	N(片)	xīnyì	Entgegenkommen

这是他的一片心意。

铺	VO	pū	(Teppich) auslegen

铺地毯 Teppich auslegen

阻拦	VO$_{Pers}$O$_V$	zǔlán	verhindern

他想阻拦我到他那儿去。

埋怨	VO/N	mányuàn	sich beschweren, murren

1) 一有问题他就埋怨我。
2) 咱们谁也别埋怨谁。

反驳	VO/N	fǎnbó	widersprechen

我不想反驳你的意见。

心满意足	R	xīn mǎn yì zú	hoch zufrieden

这篇小说能发表的话，我就心满意足了。

望	VO	wàng	blicken, betrachten

他望着大楼，一句话也不说。

天花板	N(块)	tiānhuābǎn	(Zimmer-)Decke
值得	V/VO	zhíde	sich lohnen, wert sein, etwas zu tun

1) 这样做值不值得？
2) 这部电影值得看。

专有名词

迟教授	Chí jiàoshòu	Professor Chi
文化大革命	Wénhuà dàgémìng	Kulturrevolution (1966–1976)

语法与解释

1. „缺乏生活能力": 缺乏 ähnelt in der Bedeutung 缺, verlangt aber meistens ein Objekt mit abstrakter Bedeutung:

    缺乏: (经验, 能力)　　他缺乏工作经验。

    缺: 　(书, 钱)　　　他们家缺一个花园。

2. „全靠我们几个研究生": 全 ist hier ein Adverb und fungiert als Adverbialbestimmung. Es entspricht hier in der Bedeutung und Anwendung dem Adverb 都:

    1)　学生宿舍全住满了, 一间房子也不空。

    —>　学生宿舍都住满了, 一间房子也不空。

    2)　他说的不全错, 你说的也不全对。

    —>　他说的不都错, 你说的也不都对。

3. „经过文化大革命": 经过 ist eigentlich ein Verb mit der Bedeutung „erleben, durchmachen, vorbeigehen, passieren". Es wird auch als Präposition verwendet. Häufig entspricht es als Verb im Deutschen dem Präfix „durch", als Präposition dem temporalen „noch":

    als Verb:　这个问题经过了三次讨论。

    als Präp:　1) 经过一个小时的讨论, 大家想去博物馆。

    　　　　　2) 经过这次旅行, 我知道了很多东西。

4. „我们提了一个又一个方案": Die Verdoppelung von Numerale und Zählwort (wie 一个一个) entspricht im Deutschen Formulierungen wie „ein/e/er/s nach dem anderen". Hier dient das hinzugefügte Adverb 又 der Intensivierung. Dann gewinnt der Ausdruck eine emotionale Komponente im Sinne von „so viele ...":

    1) 学生们一个又一个地走了。

    Die Studenten gehen einer nach dem anderen.

    2) 这个练习我们重复了一次又一次。

    Diese Übung haben wir wieder und wieder gemacht.

5 „薄了不管用": 薄了 bedeutet hier 如果薄了. 如果 entfällt oft, sodass die konditionale Bedeutung durch die Konstruktion „Adjektiv+了" zum Ausdruck kommt:

1）迟了就买不到票了。
2）重了就抬不上去了。

6 In „听我的" heißt 听 „sich nach jemandes Worten richten", „auf jemanden hören":

1）这个孩子一点也不听他的。
Das Kind hört gar nicht auf ihn.
2）电脑听人的命令。
Der Computer befolgt die Befehle der Menschen.

7 „里面声音很响，看来没有听见": 看来 bedeutet hier „es scheint so", „es sieht so aus":

1）看来王主任很爱面子。
2）电脑看来还不能代替有血有肉的老师。

8 „我早就想送你一件礼物": Das Eigenschaftsverb 早 bedeutet „früh". In der Funktion als Adverbialbestimmung bedeutet es „längst" und wird oft mit 就 oder 已 verwendet. Diese dienen der Intensivierung wie „schon lange, schon längst". Es betont die Vorzeitigkeit einer Handlung:

1）上课的时间早就通知了。
2）仓库城我早已参观过了。

9 „他张着嘴巴说不下去了": 说不下去 heißt „nicht weiter sprechen können". Das zusammengesetzte Komplement der Richtung 下去 hat hier die abstrakte Bedeutung von „weiter". Zum Vergleich:

1）他从楼梯走下去。（konkret）
2）这个故事他讲不下去了。（abstrakt）

10 „您的意 ... 心意我 ...": Diese elliptische Formulierung belegt die Verlegenheit der Sprecherin. Korrekt müsste es heißen: 您的心意我知道.

11 „我们都埋怨他不该买地毯，更不该买了送人": 不 ... 更不 ist ein zweigliedriger Ausdruck im Sinne von „nicht ... und schon gar nicht":

Lektion 11

    1）我不想去外地工作，更不想去外国。

    2）他不该找她，更不该上班的时候去。

12 „再贵也值得": 再 ... 也 ... ist eine zweiteilige Konjunktion mit der Bedeutung „auch/selbst wenn ..., (so) doch" oder „wenn (auch) ... sollte, (so) doch ...". Weitere Beispiele sind:

    1）再冷也没什么，我们开车去。

    2）声音再响他也不怕。

练习

1. 课文提问 Fragen zum Text:

    (1) 迟教授是怎么样一个人？

    (2) 迟教授家里怎么样？

    (3) 买好的地毯为什么运回学校？

    (4) 迟教授和邻居大王来往得多吗？

    (5) 大王和小丽看见地毯以后怎么样？

    (6) 迟教授为什么要把地毯送给别人？

    (7) 你觉得这个故事怎么样？

2. 造句 Bilden Sie Sätze:

    (1) 缺乏

    (2) 靠

    (3) 照顾

    (4) 用处

    (5) 管用

    (6) 就是 ... 也 ...

    (7) 劝

    (8) 经过

    (9) 值得

3. 填空 Setzen Sie das passende Modalverb (想，应该，可以，能，要) ein:
   (1) 迟教授得了一笔稿费，____ 买一块地毯。
   (2) 他的学生都认为, 他不 ____ 买地毯。
   (3) 用这笔钱 ____ 买其它有用的东西。
   (4) 迟教授却想，地毯一定 ____ 买。
   (5) 因为邻居大王家经常吵得他不 ____ 工作。
   (6) 有了地毯，他就 ____ 更好地工作了。

4. 解释 Erklären Sie die folgenden Wörter auf Chinesisch:
   (1) 老伴
   (2) 稀客
   (3) 外快
   (4) 稿费

5. 完成句子 Vervollständigen Sie die Sätze:
   (1) 经过讨论 _____。
   (2) 他老劝我, _____。
   (3) 他们都埋怨我 _____。
   (4) 他退休以后靠 _____。
   (5) _____ 很有用处。
   (6) 没想到 _____。
   (7) 我早就想 _____。
   (8) 孩子们专心地 _____。

6. 填空 Setzen Sie die passende Präposition ein (用，跟，对，被，从…到…，根据，在，把，向):
   (1) 他 ____ 得到的稿费买了一台电脑。
   (2) 我 ____ 这种音乐没有多大兴趣。
   (3) 公司经理 ____ 公司的情况 ____ 同学们作了介绍。
   (4) 住 ____ 楼上的邻居也在大学工作。

(5) 他 ___ 早 ___ 晚一直在看书，饭也没吃。
(6) ___你的意见我们准备学点上海话。
(7) ___人们叫做"老王"的那个人我不认识。
(8) 你别 ___ 他多来往，我太了解他了。

7. 翻译 Übersetzen Sie die Sätze ins Deutsche:
   (1) 经过两年的努力，他终于考上了大学。
   (2) 我终于找到了科研需要的书。
   (3) 他的第一篇文章终于发表了。
   (4) 我们还缺乏经验，翻译得还不够好。
   (5) 许多孩子缺乏跟别人的交往。
   (6) 他缺乏生活能力，总是要人照顾。
   (7) 我不工作，生活上全靠他。
   (8) 汉堡靠北海很近。

8. 回答问题 Beantworten Sie die Fragen mit 就是 ... 也:
   Beispiel: 他要是发火怎么办？（不陪他）
   —> 他就是发火我也不陪他。
   (1) 那块地毯如果太小怎么办？（买）
   (2) 如果我把那台游戏机送给你呢？（不要）
   (3) 没事做怎么办？（不打扑克）
   (4) 要是得站着上课怎么办？（做笔记）

9. 翻译 Übersetzen Sie ins Deutsche:
   (1) 虽然有电梯，他每天都走楼梯。
   (2) 一看见地毯，小丽话也说不下去了。
   (3) 他慢慢地站了起来，走到电视机前。
   (4) 迟教授来到门前，使劲地敲起门来。

10. 回答问题 Beantworten Sie die Fragen mit 再 … 也 …:
   Beispiel:　地毯这么贵，值得吗？
   　　　　—> 地毯再贵也值得。
   (1)　同事这么多，你一个一个请吗？
   (2)　那里的条件那么好，你不去吗？
   (3)　他说得那么快，你能懂吗？
   (4)　你身体这么好，还要检查吗？

11. 写作文 Schreiben Sie zu den folgenden Bildern eine Geschichte:

雷打不动　　　　　　　苗地

12. 阅读课文 Lesetext:

早 知 道 ...

酒喝了不少，玩笑也开了不少，两位主人和我谈起年轻时那些有意思的事。就像我们在大学时那样，大家都非常随便。

"有件事我早就想问问你了！"女主人笑着问我。她虽然已经43岁了，但还是很漂亮，还是那样爱说爱笑。可是20多年前跟她一样漂亮的女同学由于生活情况的不同，样子都发生了很大变化。

眼前的女主人过着幸福(1)的生活。她丈夫在大学学的是历史，现在却高高兴兴地在一家烟酒公司工作。她自己呢，在一家贸易(2)公司卖东西。她告诉我，有人劝她回到大学去教课。她才不干呢！

"你今天得说说，"她笑着说，"老年(3)和我谈对象的时候，你是怎么帮助他的？"

20多年过去了，我们都是中年(4)人了。但青年时的事，还是不能都说出去的。比如，我可以说怎样帮助老年写第一封情书(5)，告诉他第一次约会(6)时应该是什么样子，说什么话："别看谈小兰(7)漂亮，她可不是那种没有理想(8)的人。你谈话时要让她觉得你跟她是一样的 ..."可是，我怎么能向眼前的女主人说，我那时也爱过 ... 。

谁想到，男主人却笑着把过去的事都说了出来。女主人听了，不但没生气，而且觉得很有意思，她不断(9)地问我："你那时是怎么说我的？怎么说的？说呀，说呀！"

饭后，我回到女主人为我准备好的房间，坐在桌前写了起来。女主人开了门，给我送来一杯咖啡。那边屋子里传来(10)男主人的呼噜(11)声。他多喝了几杯，早就睡着了。女主人对我说："他的呼噜可厉害(12)了，谁听了都不会习惯。我也不知道是怎么习惯的。你那时要…"

她想跟我说句玩笑话，脸上却不很自然(13)。说完，就很快地走出去了。我又拿起笔，在纸上写起来…

生词

1.	幸福	xìngfú	Glück
2.	贸易	màoyì	Handel
3.	年	Nián	Nian (*Personenname*)
4.	中年	zhōngnián	mittleres Lebensalter
5.	情书	qíngshū	Liebesbrief
6.	约会	yuēhuì	Verabredung
7.	谈小兰	Tán Xiǎolán	Tan Xiaolan (*Personenname*)
8.	理想	lǐxiǎng	Ideal, ideal
9.	不断	bùduàn	ununterbrochen
10.	传来	chuánlái	herüberdringen
11.	呼噜	hūlu	schnarchen
12.	厉害	lìhai	hart, schonungslos
13.	自然	zìrán	natürlich

回答问题 Beantworten Sie die folgenden Fragen:

(1) 两位主人 (zhǔrén, Gastgeber) 和"我"的关系怎么样？
(2) 女主人想回大学去工作吗？
(3) 女主人想知道什么？
(4) "我"觉得年轻时的事有的不能说，对吗？
(5) "我"是怎样帮助老年的？
(6) "我"很想告诉女主人，我当时也爱她，对吗？
(7) 男主人把过去的事情说出来后，女主人的态度怎样？

第12课: 找 对 象

在中国，除了婚姻介绍所以外，通过征婚广告找对象很普遍[1]。征婚者在征婚广告中除了说明自己的性别和年龄以外，一般都要提到职业、身高、教育程度、容貌、婚姻状况、性格和健康状况。此外[2]，也有人会提到自己的爱好、收入、父母和住房情况。

找对象　　　苗 地

在征婚广告中，人们提得最多的是职业。从这一点可以看出，在中国，职业是社会地位的象征，所以征婚者在介绍自己时将它放在极其重要的地位[3]。

位于第二位的是身高。90%以上的人[4]都提到了自己的身高。这个现象在世界各国的征婚广告中也许是很少见的，十分有趣。在找对象时，女方对男方的身高情况特别重视。有一段时间，中国北方有男子在一米七零以下是"二等残废"的说法[5]。如果一个男的个子在一米八零以上，就是长得不好看，也不怕找不到对象。这说明，在找对象时身高多么[6]重要。

在介绍自己时，教育程度也十分重要。在中国，教育程度的高低虽然跟职业有密切的关系，但跟收入的多少却不一定有多大关系[7]。人们在找对象时仍然把教育程度放在重要地位，也许是受了孔夫子思想的影响吧。

征婚人在介绍自己时把容貌放在第四位[8]，女性喜欢用"秀丽"、"端庄"等词汇，男性一般用"五官端正"、"英俊"等。

有些征婚人提到自己的收入，比例是四分之一。这个比例是不太高的。原因是，在中国，人们的基本工资比较平均而且固定，一旦说出职业[9]，对方基本上[10]可以估计出收入的多少，只有个体户和其他一些收入差别大的人才有必要加以[11]特别说明。

在广告中提到自己家庭情况的人不太多。除了极少数出身干部和知识分子家庭的人提到自己的家庭出身以外，多数人是说明"无负担"或"单身一人生活"等等。看来，有无家庭负担也是人们找对象时必须重视的一个因素。

最近一些年来，越来越多的人喜欢在征婚广告中说明自己的业余爱好。这说明，随着生活水平的提高，人们对业余生活越来越重视了。

生词

婚姻	N	hūnyīn	Ehe
介绍所	N(家)	jièshàosuǒ	Vermittlungsbüro
通过	Präp/VO	tōngguò	durch, dank; hinter sich bringen

1）他通过我认识了大王。
2）他通过我的介绍认识了大王。
3）我通过了毕业考试。

征婚	Vg	zhēng hūn	einen Ehepartner suchen

征婚者 Ehepartnersuchender, Heiratswilliger

广告	N(幅)	guǎnggào	Werbung, Anzeige

做广告 Werbung machen

普遍	Ev	pǔbiàn	üblich, allgemein
	普通 gewöhnlich, 普通话 Standardsprache		
性别	N	xìngbié	Geschlecht
年龄	N	niánlíng	Alter
职业	N(种)	zhíyè	Beruf
身高	N	shēngāo	Körpergröße
	个子 Körpergröße		
程度	N	chéngdù	Grad, Stufe, Niveau
	文化程度 Bildungsniveau		
容貌	N	róngmào	Aussehen
状况	N (种)	zhuàngkuàng	Zustand
	房子的状况 Zustand der Wohnung		
性格	N(种)	xìnggé	Mentalität
此外	K	cǐwài	außerdem
爱好	N/VO	àihào	Vorliebe, mögen
	1) 人们的爱好各有不同。		
	2) 他从小就爱好音乐。		
收入	N	shōurù	Einkommen
极其	Adv	jíqí	äußerst
地位	N (种)	dìwèi	Stellung, Position
	社会地位 gesellschaftliche Position		
	把 ... 放在重要地位: großen Wert auf etwas legen		
	他把家庭放在非常重要的地位。		
将	Präp	jiāng	Präposition *(zur Markierung des vorangestellten Objektes)*
	他将学习放在重要的地位。		
位	N	wèi	Platz
以上	R	yǐshàng	mehr als, über
	65%以上的人同意这个方案。		
重视	VO	zhòngshì	beachten, als wichtig betrachten
	人们越来越重视环境。		

段	ZW	duàn	ZW für 时间
	这段时间我不忙。		
等	N	děng	Rang, Klasse
	一等 erste Klasse, erster Rang		
残废	Ev	cánfèi	behindert
	过去说"残废人"，现在说"残疾人"。		
说法	N(种)	shuōfǎ	Aussage, Redeweise
	我不同意他的这种说法。		
高低	N	gāodī	Höhe
密切	Ev	mìqiè	sehr eng
	他们俩的关系很密切。		
端庄	Ev	duānzhuāng	würdevoll
词汇	N	cíhuì	Wortschatz
五官	N	wǔguān	fünf Organe, Gesichtszüge
端正	Ev	duānzhèng	regelmäßig
英俊	Ev	yīngjùn	schön (für Männer)
比例	N (种)	bǐlì	Proportion, Maßstab
	地图的比例 Maßstab der Landkarte		
基本	Ev*	jīběn	grundlegend
	对人来说，吃、穿、住是最基本的。		
固定	Ev	gùdìng	fest
	他还没有固定的工作。		
一旦	K	yīdàn	falls
	一旦没电了，该怎么办呢?		
个体户	N(个)	gètǐhù	Privatunternehmer
差别	N (种)	chābié	Differenz
	城市和农村的差别 Unterschiede zwischen Stadt und Land		
有必要	R	yǒu bìyào	notwendig sein
	多写汉字很有必要。		

加以	VO	jiāyǐ	machen *(Funktionsverb)*
	老师要对这件事加以说明。		
出身	N/VO~Präp~	chūshēn	Abstammung, abstammen
	小房出身于一个工人家庭。		
知识分子	N	zhīshi fènzǐ	Intellektuelle/r
无	Adv	wú	ohne, nicht
	无人 niemand, 无用 nutzlos		
负担	N(种)	fùdān	Last, Belastung
	他的生活负担很重。		
单身	N/Ev	dānshēn	Single, allein, alleinstehend
	他现在还是单身。		
因素	N	yīnsù	Faktor
业余	Ev*	yèyú	nebenberuflich, Freizeit
	业余爱好 Hobby		

专有名词

孔夫子(公元前551 – 公元前479)　　Kǒng Fūzǐ　Konfuzius

语法和解释

1. „在中国 ... 通过征婚广告找对象很普遍": 通过 ist hier eine Präposition mit der Bedeutung „auf eine bestimmte Weise", man kann sie im Deutschen durch „dank" oder „durch" wiedergeben:
   1) 她通过小王认识了大王。
   2) 通过你的介绍他找到了对象。

2. „此外,也有人会提到自己的爱好": 此外 ist eine Konjunktion und bedeutet „darüber hinaus" oder „außerdem". Sie steht meist am Satzanfang und wird oft zusammen mit 还 oder 也 verwendet:
   他们家有五口人,此外还有一只小狗。

3 „人们 ... 将它放在极其重要的地位": 将 ist hier eine Präposition, deren Funktion und Bedeutung der von 把 ähneln. Sie klingt gehobener als 把:
1) 我将这件事忘了 = 我把这件事忘了
2) 他将车开走了 = 他把车开走了

4 „90%以上的人都提到了自己的身高": 以 ist eine Präposition und kann zusammen mit Ortsnomen Ausdrücke bilden wie:

以上 mehr als: 十二岁以上的学生要买车票。

以下 weniger als, unter: 十二岁以下的不用买车票。

以内 innerhalb: 我们要在一小时以内做完作业。

以外 außerhalb: 这样的事情只能在工作时间以外做。

5 „一米七零以下是'二等残废'的说法": 等 ist hier ein Nomen mit der Bedeutung „Rang", „Klasse" oder „Grad". Man sagt z.B. auch 一等, 二等, 三等 (erster, zweiter, dritter Rang) oder 上等, 中等, 下等 (erstklassig, mittelmäßig, minderwertig).

6 多么 ist ein verstärkendes Adverb und wird oft zusammen mit der modalen Satzpartikel 啊 verwendet:
1) 这里的学费多么贵啊。
2) 她做饭做得多么好啊。

7 „但跟收入的多少却不一定有多大关系": In dieser Formulierung gibt es zwei 多, die aber bezüglich ihrer Funktion und Bedeutung unterschiedlich sind. 多 in 收入的多少 ist ein Teil des Nomens 多少 mit der Bedeutung von „Menge, Summe", während 多 in 多大 als Adverb „wie (sehr)" oder „welch ein" bedeutet. Es ist von der Bedeutung her vergleichbar mit 很, wird aber oft im Ausrufesatz verwendet:
1) 他多聪明!
2) 他是个多精明的人啊!

8 „征婚人 ... 把容貌放在第四位": Mit der Wendung 把 ... 放在第 ... 位 ordnet der Sprecher einer Sache einen Rang zu:
1) 把 ... 放在第一位   etwas als das Wichtigste betrachten
2) 把 ... 放在第二位   etwas als das Zweitwichtigste betrachten

9   „一旦说出职业，对方 ... 可以估计出收入的多少": 一旦 ist eine konditionale Konjunktion. Anders als 如果 oder 要是 hebt 一旦 hervor, dass hier nur eine Option ist:

一旦他没兴趣了，你怎么办？

Wenn er aber kein Interesse mehr haben sollte, was machst du dann?

10 „对方基本上可以估计出收入的多少": 基本上 entspricht im Deutschen „im Großen und Ganzen" oder „im Wesentlichen" und fungiert im Satz als Adverbialbestimmung:

学生们基本上都打工。

11 „有必要加以 ... 说明": 加以 ist wie 进行 ein Funktionsverb (vgl. Lektion 1, Anmerkung 4) und verlangt ein nominalisiertes Verb als Objekt. Mit 加以 kann man etwas über eine Tätigkeit aussagen, ohne aber – dies ist anders als 进行 – den durativen Aspekt hervorzuheben:

1) 大家对这个问题加以讨论。
2) 大家对这个问题进行长时间的讨论。

练习

1. 课文提问 Fragen zum Text:
    (1) 中国人一般怎样找对象？
    (2) 人们在征婚广告中主要说明什么？
    (3) 为什么提到职业的人最多？
    (4) 身高重要吗？
    (5) 教育程度是什么意思？
    (6) 为什么提到收入的人不太多？
    (7) 什么人有必要说明自己的收入？
    (8) 最近一些年，征婚广告有什么变化？

2. 造句 Bilden Sie Sätze:
    (1) 以上/以下
    (2) 状况

(3) 加以
(4) 基本
(5) 一旦
(6) 估计
(7) 有必要
(8) 重视

3. 转换句型 Formulieren Sie die Sätze mit der Präposition 将 um:
   Beispiel: 他给别人介绍自己
   —> 他将自己介绍给别人
   (1) 老师带学生到图书馆。
   (2) 我想寄一封信给我的老同学。
   (3) 这本书他现在还不想还给我。
   (4) 这台电脑我想卖给我的老朋友。
   (5) 这本词典她早就放到桌子上了。
   (6) 老先生讲清代的历史给我们听。

4. 选择 Entscheiden Sie, wo 将 durch die Präposition 把 zu ersetzen ist:
   (1) 他马上就将"个体户"这个词写下来了。
   (2) 同学们将考试要的书都准备好了。
   (3) 今年暑假我们都将去美国旅游。
   (4) 他将旅游的打算告诉了父母。
   (5) 再过几年，找对象将和现在不一样。

5. 用中文解释 Erklären Sie die folgenden Begriffe auf Chinesisch:
   (1) 知识分子 家庭
   (2) "二等残废"
   (3) 个体户
   (4) 业余爱好

6. 转换句型 Formulieren Sie die Sätze mit 加以 um:
   Beispiel: 大家讨论这个问题。
   —> 大家对这个问题加以讨论。
   (1) 人们在征婚广告中说明年龄和职业。
   (2) 他们认真研究德国历史。
   (3) 外地人正在熟悉这里的工作环境。
   (4) 我们想调查外国人在北京的情况。

7. 完成句子 Vervollständigen Sie die Sätze:
   (1) 我有必要 _____。
   (2) 征婚广告中没有必要 _____。
   (3) 学中文之前有必要 _____。
   (4) 是不是有必要 _____？

8. 用"通过"回答问题 Beantworten Sie die Fragen mit 通过:
   Beispiel: 有的人怎么找对象？（征婚广告）
   —> 有的人通过征婚广告找对象。
   (1) 他是怎样找到工作的？（关系）
   (2) 你准备怎样了解这件事？（他）
   (3) 小丽是怎么认识大王的？（一个朋友）
   (4) 孩子们是怎样熟悉电脑程序的？（玩）

9. 填空 Setzen Sie das passende Wort ein (以上，以下，以前，以后，以内，以外)：
   三年_____我开始在汉堡大学学哲学。我们系的同学中，百分之六十_____天天打工。因为打工花的时间多，所以能在五年_____学完的人不多。毕业_____，很多人找不到工作，不少人不得不在自己学的专业_____找工作。能当上哲学教授的在百分之一_____。

Lektion 12

10. 翻译 Übersetzen Sie die Sätze ins Deutsche. Achten Sie auf die unterschiedlichen Funktionen und Verwendungsweisen von 多:
   (1) 圣诞节我收到了50多封信。
   (2) 从这儿到海边有多远?
   (3) 大王的房间里多了一块地毯。
   (4) 研究生对迟教授多照顾啊!
   (5) 我多说了一句话，他就发火了。
   (6) 问题再多我也不怕。

11. 翻译 Übersetzen Sie ins Chinesische:
   In China war die Partnersuche immer eine wichtige Sache. In den letzten zwanzig Jahren hat sich auf diesem Gebiet viel verändert. Früher spielten die Eltern bei der Partnersuche ihrer Kinder eine sehr große Rolle. Wenn (der) Sohn oder (die) Tochter einen Ehepartner gefunden hatten, mussten sie die Zustimmung der Eltern einholen. Heutzutage spielen die Eltern bei der Partnersuche eine immer kleinere Rolle. In den Städten kann man über Vermittlungsinstitute und Zeitungen Partner suchen. Es gibt sogar Fernsehsendungen zur Partnervermittlung. Die meisten jungen Leute versuchen aber entweder in der Einheit (单位) oder über Freunde und Verwandte einen Partner zu finden.

12. 写作文 Schreiben Sie einen Text, in dem Sie Kontaktanzeigen aus China und aus Deutschland vergleichen:
   征婚广告的内容有什么不同?
   为什么?

13. 阅读课文　Lesetext:

电视"红娘"(1)

1988年7月,山西省电视台(2)开办(3)了一个全国独一无二的电视节目"电视红娘"。这个节目的负责人(4)说,开办这个节目的主要目的是为农民服务。这个省一些农村地区由于男多女少,有许多"光棍汉"(5)。现在,山区的农民只要花三百元钱,就可以在"电视红娘"节目中征婚。对大多数农民来说,付三百元钱不算太贵。电视台给农民们提供了很好的机会,让他们能在自己的区县(6)以外找到对象。

开始时,敢到电视台征婚的人并不多。第一位上电视的是名叫海林的青年农民。上电视不久他就结婚了。现在,通过"电视红娘"征婚的人越来越多。

"电视红娘"也引起(7)了城市居民的兴趣。一位叫周平的钢铁(8)厂女工听说没有一位女性敢上电视征婚,决心(9)给妇女(10)们带个头。今年年初,许多观众在电视上看到她大方(11)地介绍自己,并提出要找一名大学毕业生,懂外语的...结果,有很多人找她,这位正在读电视大学的姑娘一时不知选哪个好。

人各有所爱。一位节目主持人(12)笑着告诉记者,有一次,同时有两个征婚的男人:一个能说会道(13),另一个特别老实(14)。有一位妇女看中(15)了能说会道的,认为这样的人能力强。更多的人却看上了老实人。她们觉得,这样的老实人更值得信任。

Lektion 12

生词

1. 红娘　　　Hóngniáng　　„Heiratsvermittler" (ursprünglich eine Figur aus 西厢记)
2. 电视台　　diànshìtái　　Fernsehsender
3. 开办　　　kāibàn　　　veranstalten
4. 负责人　　fùzérén　　　Leiter
5. 光棍汉　　guānggùnhàn　Junggeselle
6. 区县　　　qūxiàn　　　Bezirke und Kreise
7. 引起　　　yǐnqǐ　　　　verursachen
8. 钢铁　　　gāngtiě　　　Eisen und Stahl
9. 决心　　　juéxīn　　　sich entschließen
10. 妇女　　　fùnǚ　　　　Frauen
11. 大方　　　dàfāng　　　locker, unbefangen
12. 主持人　　zhǔchírén　　Moderator
13. 能说会道　néng shuō huì dào　eine gewandte Zunge haben, redegewandt sein
14. 老实　　　lǎoshí　　　aufrichtig, ehrlich
15. 看中　　　kànzhòng　　sich für etw./jn. entscheiden

判断对错　Beurteilen Sie die folgenden Sätze:

(1) 山西电视台在中国第一个开办了"电视红娘"节目。(对，错)
(2) 对农民来说三百元太贵了。(对，错)
(3) 海林通过电视找到了对象。(对，错)
(4) 周平看见别的女性上电视征婚，她也去了。(对，错)
(5) 周平很快就找到了对象。(对，错)
(6) 妇女都喜欢特别老实的男人。(对，错)

第13课: 家 庭

"婚姻与¹家庭受到²国家的特别保护",这是德国基本法中的规定。前不久³,德国一家杂志却报道说,"传统的家庭正在消亡"。德国的婚姻与家庭状况究竟怎样呢?

无 题

未婚同居　芭芭拉和本亚明在一起生活四年了。他们同⁴租一套房子,同用一辆汽车,挣了钱以后一起用。他们相处得非常好,谁也不能想像有朝一日会分手。但因此就马上结婚? "我们并不反对结婚,但是为什么一定要结婚呢? 最重要的是我们在相爱。以后⁵要孩子了,我们再⁶考虑办结婚手续。"他们的这种观点很⁷有代表性。据一项统计,全德国有300万未婚同居的家庭。

两人家庭　　德国西部已婚夫妇中大约有10%不愿意生孩子。他们当中有一部分人认为，把孩子带到这个人口爆炸、环境污染的世界上来是不负责任的[8]。另一部分人却是为了自己的安宁、工作或业余生活。今天，"多子多福"的观念已经过时了，因为养老不再是依靠自己的子女，而是依靠国家。但是，很多父母认为无子女的家庭自私，因为他们的孩子将要[9]承担所有人的养老负担。

　　家庭男人　　"我妈妈是大夫，爸爸失业在家，成了家庭男人。爸爸很会做饭，也很会做家务，总是把家里打扫得干干净净的"，一个女孩子在接受采访时[10]对记者说。丈夫干家务，妻子外出工作，这已经被许多人接受了，不再被人看做是女权主义，虽然愿意留在家里做饭看孩子的丈夫还是少数。

　　单身　　有人认为"家庭已经不存在了"，因为根据法兰克福一个区的调查，这里的居民80%是单身。人们在讨论"单身化"的问题。单身生活的倾向在柏林、慕尼黑和汉堡等大城市特别突出。单身生活的人可以享受个人的自由，但是也会感到孤独。这些人没有教育子女的负担，靠自己的工资可以生活得很好。但是，因为孤独，很多人有忧郁症。

单亲家庭　　德国有250万妇女和男子单身带着孩子，其中绝大部分是妇女。造成单亲家庭的主要原因是离婚。许多单身母亲收入不高，幼儿园又不好找，生活往往很不容易。为了克服困难，许多单身母亲和父亲组成小组，互相关心，互相帮助，解决了不少问题。

生词

保护	VO/N	bǎohù	schützen, Schutz

必须保护好这本古书。

基本法	N(部)	jīběnfǎ	Grundgesetz
报道	VO	bàodào	berichten

北京晚报报道了这件事情。

消亡	V	xiāowáng	untergehen, verschwinden
未	Adv	wèi	ohne, nicht

未婚 nicht verheiratet，未成年 minderjährig

同居	V	tóngjū	zusammenleben
相处	V/VO$_{Präp}$	xiāngchǔ	miteinander umgehen

1）大家相处四年了。
2）老师和学生相处得很不错。

租	VO	zū	mieten

租房子 Wohnung/Haus mieten
出租房子 Wohnung/Haus vermieten, 出租汽车 Taxi

想像	VO	xiǎngxiàng	sich vorstellen

谁也不能想像那儿的情况。

有朝一日	R	yǒu zhāo yī rì	eines Tages

我有朝一日会告诉他的。

分手	Vg	fēn shǒu	sich trennen

他们俩终于分手了。

反对	VO/N	fǎnduì	gegen etwas sein

1) 我反对他的意见。
2) 我对他的意见表示反对。

观点	N	guāndiǎn	Ansicht, Meinung
代表性	N/Ev*	dàibiǎoxìng	Repräsentation, repräsentativ

代表 (vertreten/Vertreter):
1) 他的话代表了很多人的意见。
2) 他被选为学生代表。

项	ZW	xiàng	ZW für 调查，研究
统计	N/VO	tǒngjì	Statistik, eine Statistik erstellen

1) 根据一项统计，有电脑的家庭越来越多。
2) 请你统计一下儿人数。

夫妇	N	fūfù	Ehepaar

夫妻 Ehepaar

当中	Adv	dāngzhōng	darunter

这几台电视当中有一台不好。

爆炸	V	bàozhà	explodieren
污染	N/VO	wūrǎn	Verschmutzung

环境污染 Umweltverschmutzung

负责任	Vg	fù zérèn	Verantwortung tragen

他应该对这件事情负很大责任。

安宁	Ev	ānníng	ruhig, ohne Störung
观念	N	guānniàn	Vorstellung
过时	Ev	guòshí	überholt, veraltet

vgl. 入时 modisch

这台音响过时了。

养老	VO_Präp	yǎnglǎo	alte Menschen versorgen

他给父母养老。

依靠	VO/N	yīkào	abhängig sein, Abhängigkeit

1）小丽在生活上依靠父母。
2）小孩子对父母的依靠很大。

承担	VO	chéngdān	tragen (Belastung u.a.)

承担负担 Belastungen tragen
承担责任 Verantwortung übernehmen

失业	Vg	shī yè	arbeitslos sein

失业金 Arbeitslosengeld，失业者 Arbeitsloser

家务	N	jiāwù	Haushalt, häusliche Angelegenheiten

做家务、干家务 den Haushalt machen

接受	VO	jiēshòu	akzeptieren

他不接受我的意见。

采访	N(个)/VO	cǎifǎng	Interview

1）他接受了一个小时的采访。
2）我想采访拿失业金的人。

女权主义	N(种)	nǚquán zhǔyì	Feminismus
存在	V	cúnzài	existieren
倾向	N (种)	qīngxiàng	Tendenz, Trend
突出	Ev	tūchū	auffallend, herausragend

他上哪儿都很突出。

享受	V/VO/N	xiǎngshòu	genießen

1) 谁都愿意享受，但不能只知道享受。
2) 我们享受人生。

Lektion 13

自由	N (种)/Ev	zìyóu	Freiheit, frei
孤独	Ev	gūdú	einsam
患有	VO	huànyǒu	erkrankt sein, leiden an

有些人患有忧郁症。

忧郁症	N(种)	yōuyùzhèng	Depression
单亲	N(个)	dānqīn	Elternteil

单独 allein

绝	Adv	jué	absolut

绝大多数 eine überwiegende Mehrheit

造成	VO_{Präp}O	zàochéng	verursachen

失业给他们家造成许多困难。

离婚	Vg	lí hūn	sich scheiden lassen

他已经离了三次婚了。

托儿所	N (家)	tuō'érsuǒ	Kindertagesstätte, Kindergarten
克服	VO	kèfú	überwinden

他努力克服学习上的困难。

组成	VO/VO_{Präp}	zǔchéng	bilden, bestehen aus

1）我们三个人组成一个小组。
2）这个小组由三个人组成。

小组	N (个)	xiǎozǔ	kleine Gruppe
关心	VO	guānxīn	sich kümmern um

1）他很关心孩子的学习。
2）他对孩子的学习很关心。

解决	VO	jiějué	lösen

老钱很快解决了这个问题。

专有名词

芭芭拉		Bābālā	Barbara
本亚明		Běnyàmíng	Benjamin
法兰克福		Fǎlánkèfú	Frankfurt

语法和解释

1 „婚姻与家庭": 与 ist eine Konjunktion mit der gleichen Bedeutung wie 和 oder 跟. Es ist stilistisch literarischer.

2 „婚姻与家庭受到国家的特别保护": 受到 ... 保护 ist eine ähnliche Konstruktion wie 受 ... 欢迎 und 受 ... 影响 (vgl. Lektion 3, Anmerkung 9). 到 ist hier ein Komplement des Resultats.

3 „前不久" bedeutet „vor kurzem". Man kann auch sagen 不久前.

4 „他们同租一套房子": 同 ist hier ein Adverb und fungiert als Adverbialbestimmung mit der Bedeutung „gemeinsam, zusammen".

5 „以后要孩子了": 以后 hat eine ähnliche Bedeutung wie 后来. Der Unterschied der beiden besteht darin, dass 以后 allein eine Handlung in der Zukunft markiert, während 后来 eine nachzeitige Handlung in der Vergangenheit bezeichnet:

以后: 他以后想当记者。

后来: 五年前他在北京, 后来去了上海。

以后 kann dann eine Handlung in der Vergangenheit bezeichnen, wenn es zusammen mit einer Zeitangabe verwendet wird:

他九二年以前在柏林读书, 九二年以后到了慕尼黑。

6 „以后要孩子了, 我们再考虑办手续": Das Adverb 再 hat mehrere Bedeutungen. Hier bedeutet 再 nicht „wieder" oder „noch einmal", sondern „dann". Das heißt, mit 再 wird eine Tätigkeit angekündigt, die erst nach einer anderen Tätigkeit geschehen wird:

1) 有些人先生孩子再结婚。

2) 最好是介绍完了别人再介绍自己。

7 „他们的这种观点很有代表性": Das Adverb 很 modifiziert meistens Eigenschaftsverben, sehr selten Verben. Die Verben, vor denen 很 stehen kann, sind u.a.: 有, 爱, 喜欢, 希望:

1) 他很爱说笑话。

2) 他们很喜欢孩子。

3) 我很希望能得到这样的机会。

Lektion 13

8   „他们当中的一部分人认为，把孩子带到这个人口爆炸、环境污染的世界上来是不负责任的" kann man wie folgt übersetzen:
„Ein Teil von ihnen ist der Meinung, es sei unverantwortlich, Kinder in eine überbevölkerte Welt, deren Umwelt verschmutzt ist, zu setzen."

9   将要 ist eine Konstruktion mit dem Adverb 将 und dem Modalverb 要. Damit wird ausgedrückt, dass eine Tätigkeit in der Zukunft geschehen wird. 就要 weist auf die nahe Zukunft hin, 将要 auf die fernere Zukunft: „in ein paar Monaten, in einem Jahr oder in zwei Jahren". Zum Vergleich:
1）他们就要分手了 (sehr bald)
2）他们将要分手了 (bald)

10 „一个女孩子在接受采访时": 接受 heißt eigentlich „akzeptieren", „entgegennehmen". 接受采访 kann übersetzt werden als „beim Interview" oder „interviewt werden". Man muss 接受采访 von 进行采访 (jemanden interviewen) unterscheiden.

练习

1. 课文提问 Fragen zum Text:
    (1) 德国基本法中对婚姻与家庭有什么规定？
    (2) 芭芭拉和本亚明是什么关系？
    (3) 有些夫妇为什么不愿意生孩子？
    (4) 有孩子的父母支持不生孩子的夫妇吗？
    (5) 什么是"女权主义"？
    (6) 为什么有人说"家庭已经不存在了"？
    (7) 单身生活有什么特点？
    (8) 为什么单身母亲困难比较多？

2. 造句 Bilden Sie Sätze:
    (1) 保护
    (2) 究竟
    (3) 相处

(4) 想象
(5) 负责任
(6) 依靠
(7) 造成
(8) 组成

3. 用 "以后" 或 "后来" 填空 Setzen Sie 以后 oder 后来 ein:
   (1) 很久以前，黄河流域的经济很发达。_____，长江流域的经济超过了黄河流域的经济。
   (2) 他先住在家里，_____ 搬到了学生宿舍。
   (3) 我三年 _____ 才能毕业。
   (4) 方老师非常喜欢这本小说，打算 _____ 把它翻成中文。
   (5) 五年前他在邮局工作，_____ 去了一家进出口公司。
   (6) 结婚以前他什么都做，结婚 _____ 他做得越来越少。

4. 翻译 Übersetzen Sie die Sätze ins Deutsche. Achten Sie auf 再:
   (1) 听说这件事以后，她再也睡不着了。
   (2) 这个故事同学们没听懂，老师只好再说一遍。
   (3) 请你把眼镜带上，再好好儿看看！
   (4) 他想先工作几年再去大学学习。
   (5) 老舍的 "茶馆" 我看过，还想再看一遍。

5. 翻译 Übersetzen Sie die folgenden Sätze mit 将要 oder 就要:
   (1) Herr Wang wird sehr bald zurück nach China gehen.
   (2) In zwei Jahren werde ich anfangen, einen Roman zu schreiben.
   (3) Ich werde bald nach Shanghai gehen. Kann ich was für Sie tun?
   (4) In drei Monaten wird er als Deutschlehrer an der Peking-Universität tätig sein.

6. 句型转换 Formulieren Sie die Sätze um, indem Sie a) die 把/将-Konstruktion und b) eine Passivkonstruktion verwenden:

Beispiel: 老师批评了这个同学。
—> 老师把这个同学批评了。
—> 这个同学被老师批评了。

(1) 这套房子他们租了三个月。
(2) 迟教授解决了一个重要问题。
(3) 很多人已经考虑了养老的问题。
(4) 他们用完了这个月挣的钱。
(5) 单身妇女克服了生活上的困难。

7. 解释词语 Erklären Sie die folgenden Begriffe auf Chinesisch:

(1) 人口爆炸
(2) 多子多福
(3) 女权主义
(4) 两人家庭

8. 翻译 Übersetzen Sie ins Deutsche:

(1) 我跟王主任相处很多年，知道他很爱面子。
(2) 他们俩性格完全不一样，相处得却很不错。
(3) 他找不到对象，为什么要你负责任？
(4) 如果进出口出了问题，谁负责任？
(5) 别人帮助你可以，但是你不能依靠别人。
(6) 他已经走不动了，在生活上完全依靠别人的帮助。
(7) 他的态度给客人造成了不好的影响。
(8) 这件事情的后果是他自己造成的。

9. 选择正确的位置 Setzen Sie 很 an die richtigen Stelle:

(1) 他们 A 不能想象 B 快 C 就要 D 分手了。
(2) 他们 A 希望 B 有 C 一个安宁的 D 生活。

(3) 芭芭拉 A 在广州 B 认识的朋友 C 多得 D。
(4) A 跟你们一起 B 做 C 这样的事情我们 D 愿意。

10. 词语替换 Ersetzen Sie 同 durch ein anderes Wort:
    (1) 父母们说的都是同样的话。
    (2) 有子女和无子女家庭考虑的问题不同。
    (3) 他们同租一套房子。
    (4) 上大学时我们是同班。
    (5) 今年的天气同去年的不一样。

11. Schreiben Sie einen kurzen Text:
    (1) 为什么愿意留在家里做事看孩子的丈夫还不多？
    (2) 你的意见是什么？

12. 阅读课文 Lesetext:

家庭新观念

在改革开放(1)中，中国的家庭发生了很大的变化。

过去，青年人结婚后一般希望能够尽早生孩子，也就是人们常常听到的"早得贵子"。现在，多数人不希望孩子"过早"到这个世界上。有的人婚前忙于学习，婚后想"轻松轻松"(2)；有的人希望到了最佳(3)生育(4)年龄再生孩子；还有不少人是因为经济的原因：由于物价(5)的上涨(6)，结婚的费用(7)上升(8)得很快，很多人结完婚后，一时没有多少钱来生孩子、培养孩子。

在中国传统的家庭中，男的在家庭中占主要地位。现在，青年夫妇在家庭中地位比较平等(9)，在家务事上分工(10)合作。根据一个调查，在"谁当家(11)"这个问题上的情况是：有27%的家庭是男的当家，31%是女的当家，男女一起当家的占42%。这说明，"男主外，女主内"的传统有了改变。

在许多家庭中，越来越多的丈夫承担了"买、洗、烧"的家务劳动。工人小王的妻子经常出差，小王差不多承担了全部家务，从买菜做饭到送孩子上学，什么事情都做。小林是位教师，婚后住在丈母娘家(12)。由于他见多识广(13)，家中的事一般由他作主(14)。同时，他从洗衣、买菜、买米，一直到做衣服，什么都干。

但总的来说，女的当家还是比男的多。一方面是受传统观念的影响，另一方面是女的在花钱方面比男的仔细(15)。

生词

1.	改革开放	gǎigé-kāifàng	„Reform und Öffnung"
2.	轻松	qīngsōng	sich entspannen
3.	最佳	zuìjiā	am besten, (die) beste
4.	生育	shēngyù	Geburt
5.	物价	wùjià	Warenpreis
6.	上涨	shàngzhǎng	steigen
7.	费用	fèiyòng	Kosten
8.	上升	shàngshēng	steigen
9.	平等	píngděng	gleichberechtigt
10.	分工	fēn gōng	Arbeit aufteilen
11.	当家	dāngjiā	den Haushalt führen
12.	丈母娘	zhàngmuniáng	Schwiegermutter
13.	见多识广	jiàn duō shí guǎng	gut unterrichtet und erfahren
14.	作主	zuò zhǔ	Entscheidungen treffen
15.	仔细	zǐxì	sorgfältig

判断对错 Beurteilen Sie die folgenden Aussagen:

(1) 过去青年人希望早生孩子，现在
    a. 所有的人都不希望早生孩子。
    b. 大部分人不希望早生孩子。
    c. 有些人不希望早生孩子。

(2) 人们不想过早生孩子有多种原因，其中哪一种原因文章没有提到，
    a. 结完婚没有很多钱了。
    b. 结完婚后想轻松一段时间。
    c. 生了孩子没人管。

(3) 根据一个调查，现在一般的家庭中
    a. 男的当家的比女的多。
    b. 男女一起当家的占多数。
    c. 女的当家的最多。

(4) 丈母娘家的事一般由小林作主，
    a. 所以他只用说话不用做事。
    b. 他让丈母娘做事。
    c. 他自己什么都做。

第14课:"小皇帝"

为了控制人口的发展,中国实行了计划生育的政策。七十年代末[1]以来,一个家庭一般只有一个孩子,很多年轻父母对孩子非常娇惯,想方设法不让孩子劳动。这对孩子的发展有什么不好的影响,不知那些孩子的父母们想过没有?想了多少?

现在在校学习的独生子女有两大特点:营养过剩和教育不良。一方面[2],家长望子成龙,在智力投资上慷慨大方,孩子要什么买什么:电子琴、小提琴、手风琴、钢琴和游戏机等等。有一个小学的摄影

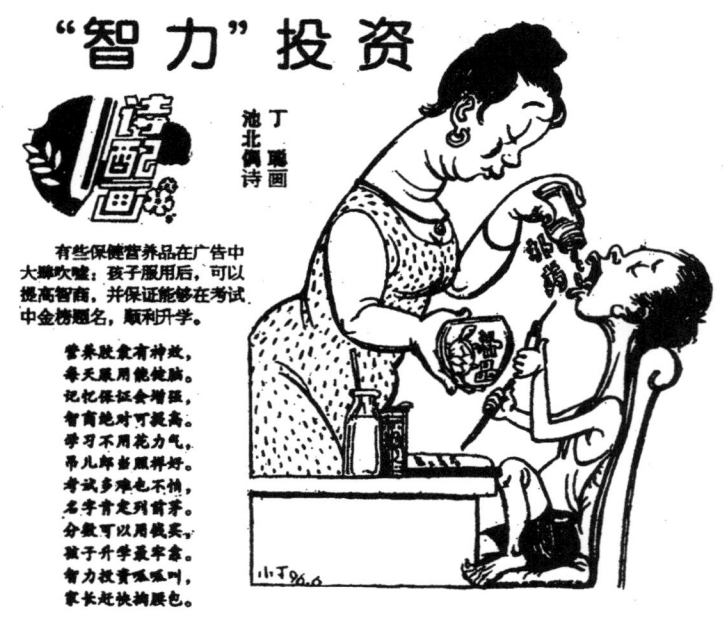

小组一共有四十八个人，四十八个人每人都有一台照相机。另一方面，许多独生子女像北京填鸭³一样被塞进了各种各样的食物，各种维生素药物，吃下了许多他们不愿意吃的东西。有一位家长每天上午第二节课后，准时提着保温瓶给孩子送牛奶，等⁴孩子喝完、擦完嘴才走。一个叫明明的学生，父亲是钢铁厂的司机，母亲是营业员，都是做普通工作的，可是明明却不普通。他们家经常是父母吃稀饭，明明一个人吃肉饼。吃糖把牙都吃坏了⁵，还在吃巧克力。新衣服穿了一次就是旧的，一定要买新的。

到做值日的时候，学校里可热闹了⁶。家长们都来义务劳动，擦窗户玻璃、扫院子，什么活儿都不让自己的孩子干，还买了冰淇淋让孩子在一边吃。家长们还对老师说："我们苦一点没关系，别让孩子苦了！"来帮着做值日的有年轻的父母，也有年纪大的爷爷和奶奶。他们的想法是："会不会劳动没关系，成绩好就行！"这是家长对孩子的普遍要求。

早晨送孩子到学校的现象十分普遍。有些高级干部的警卫员、秘书、保姆一直把孩子送进教室，把课本拿出来、铅笔盒打开以后才离开。等到老师上课，告诉学生要热爱劳动，要学会自己管理自己，他怎么听得进去？别人给[7]他服务得那么舒服，谁还会听老师的？

其实，独生子女也不是生来就自私的[8]，关键是教育。父母亲是他们最早的、影响最深的老师。让孩子们干一点活儿，从管理自己开始，这是一定要做到的。做父母的再也不能娇惯自己的孩子，再也不能轻视劳动了[9]。

生词

皇帝	N (位)	huángdì	Kaiser
控制	VO	kòngzhì	kontrollieren
		中国在控制人口的发展。	
实行	VO	shíxíng	durchführen
计划生育	N	jìhuà shēngyù	Geburtenplanung
政策	N (种)	zhèngcè	Politik
		计划生育政策 Politik der Geburtplanung	
娇惯	VO	jiāoguàn	verwöhnen
		许多人娇惯自己的孩子。	
想方设法	R	xiǎng fāng shè fǎ	mit allen Mitteln versuchen
独生子女	N(个)	dúshēng zǐnǚ	Einzelkinder
营养过剩	R	yíngyǎng guòshèng	überernährt sein
		营养学 Ernährungswissenschaft	

家长	N	jiāzhǎng	Eltern
良	Ev*	liáng	gut
	良好 gut		
望子成龙	R	wàng zǐ chéng lóng	hoffen, dass die Kinder Karriere machen werden
	许多家长望子成龙。		
智力	N (种)	zhìlì	Intelligenz
投资	Vg	tóu zī	(Kapital) investieren
	不少德国公司在中国投资。		
慷慨大方	R	kāngkǎi dàfāng	sehr großzügig
	他这个人又慷慨又大方。		
小提琴	N (把)	xiǎotíqín	Violine
	拉小提琴 Violine spielen		
手风琴	N (架)	shǒufēngqín	Ziehharmonika
	拉手风琴 Ziehharmonika spielen		
钢琴	N (架)	gāngqín	Klavier
	弹钢琴 Klavier spielen		
摄影	V	shèyǐng	fotografieren, filmen
	摄影师 Fotograf		
照相机	N (台)	zhàoxiàngjī	Fotoapparat
	照相 fotografieren		
填鸭	N (只)	tiányā	gemästete Ente
塞	VO$_{Präp}$O$_{Ri}$	sāi	hineinzwängen
	他把照相机塞进包里。		
维生素	N (颗)	wéishēngsù	Vitamine
准时	Ev	zhǔnshí	pünktlich
	我们准时到了柏林。		
保温瓶	N (只)	bǎowēnpíng	Thermosflasche
	热水瓶 Thermosflasche		
擦嘴	Vg	cā zuǐ	den Mund abwischen
	擦地 Fußboden putzen		

钢铁	N	gāngtiě	Eisen und Stahl
司机	N (个)	sījī	Chauffeur
营业员	N (个)	yíngyèyuán	Verkäufer

营业时间 Geschäftszeit

稀饭	N (碗)	xīfàn	Reisbrei

稀饭是用米加很多水烧的。

肉饼	N (块)	ròubǐng	Fleischfladen
牙	N (颗)	yá	Zahn
值日	Vg	zhí rì	Dienst haben

我昨天值过日了。

热闹	Ev	rènao	lebhaft, rege und voller Lärm
义务劳动	N	yìwù láodòng	freiwillige Arbeit
玻璃	N (块)	bōlí	Glas
冰淇淋	N (块)	bīngqílín	Speiseeis
高级	Ev	gāojí	hochwertig, Oberstufe
警卫员	N (个)	jǐngwèiyuán	Leibwächter

警察 jǐngchá Polizei, Polizist

秘书	N (位)	mìshū	Sekretär
保姆	N (个)	bǎomǔ	Dienstmädchen
课本	N (本)	kèběn	Lehrbuch
铅笔盒	N (只)	qiānbǐhé	Federkästchen
管理	VO/N	guǎnlǐ	verwalten, Verwaltung

经济管理学 Betriebswirtschaft
学生们自己管理自己。

关键	N	guānjiàn	Angelpunkt

问题的关键 der Dreh- und Angelpunkt eines Problems
关键的问题 die entscheidende Frage

轻视	VO	qīngshì	geringschätzen

这种问题可不能轻视。

语法和解释

1. „七十年代末": 末 und 底 bedeuten zwar gleichermaßen „Ende", werden aber mit unterschiedlichen Nomina kombiniert:

    vgl.: 末: 二十世纪末，七十年代末，月末，周末

    底: 年底，月底

2. 一方面 ..., 另一方面 ... ist eine feststehende Wendung und entspricht „einerseits ..., andererseits ..." im Deutschen:

    一方面，家长很想让孩子学电脑；另一方面，又怕他们整天用电脑玩游戏。

3. 北京填鸭 ist bekannt als „gemästete Peking-Ente".

4. 等 hat mehrere Bedeutungen. 等 ist hier eine Präposition und kann mit „bis" oder „wenn" übersetzt werden:

    1）等天热了我再到海边去。

    2）等他打电话来的时候，已经太迟了。

5. „吃糖把牙都吃坏了" ist eine umgangssprachliche Formulierung, bei der das Subjekt 明明 weggelassen wurde.

6. „学校里可热闹了": 可 ist ein Adverb mit der Bedeutung „wirklich, sehr". Es modifiziert das Eigenschaftsverb und drückt zusammen mit der Modalpartikel 了 eine definitive Feststellung aus:

    1）明明吃的巧克力可多了。

    2）他的父母可普通了。

7. „别人给他服务得那么舒服": 给 ist hier eine Präposition, die vom Verb 服务 verlangt wird. 给 kann auch durch 为 ersetzt werden:

    我们为她服务得不错。

8. „独生子女也不是生来就自私的": 生来 heißt „von Geburt an", man kann auch sagen 生下来.

9. „再也不能轻视劳动了": 再也不 ... 了 ist eine feststehende Wendung mit der Bedeutung „nie mehr ... ":

    1) 他再也不想在河里游泳了。

    2) 园园的牙全坏了，她再也不吃糖了。

练习

1. 课文提问 Fragen zum Text:
   (1) 中国为什么实行计划生育政策？
   (2) 只有一个孩子的年轻父母对孩子怎样？
   (3) 年轻父母对孩子的智力投资怎样？
   (4) 家长们在生活上对孩子怎样？
   (5) 为什么说明明 这个孩子很不普通？
   (6) 家长们为什么来义务劳动？
   (7) 家长对孩子的要求是什么？
   (8) 作者认为应该怎样教育孩子？

2. 造句 Bilden Sie Sätze:
   (1) 控制
   (2) 特点
   (3) 投资
   (4) 关键
   (5) 准时
   (6) 轻视
   (7) 热闹

3. 填空 Setzen Sie 底 oder 末 ein:
   (1) 中国的改革从七十年代 ＿＿＿ 开始。
   (2) 今年年 ＿＿＿ 我就要毕业了。
   (3) 你这个周 ＿＿＿ 有什么打算？
   (4) 到了月 ＿＿＿ 他总是一分钱也没有了。

4. 解释词语 Erklären Sie die folgenden Begriffe auf Chinesisch:
   (1) "小皇帝"
   (2) 智力投资

(3) 独生子女
(4) 义务劳动

5. 填空 Setzen Sie 只要, 虽然, 因为, 为了, 如果 ein:
   (1) _____ 不让孩子劳动，家长们进行义务劳动。
   (2) _____ 许多孩子不愿意吃药，但是他们不得不吃。
   (3) _____ 糖吃得太多，牙都坏了。
   (4) _____ 孩子们想买什么，家长们就买什么。
   (5) _____ 家长总是娇惯孩子，对孩子一点也不好。

6. 翻译 Übersetzen Sie die Sätze ins Chinesische und verwenden Sie dabei 总是 oder 再也不:
   (1) Wann immer er Zeit hat, sitzt er vor dem Fernseher.
   (2) Das Kind will nie mehr zu diesem Arzt gehen.
   (3) Sie will nie mehr über das Thema „Ehepartnersuche" sprechen.
   (4) Jeden Samstagabend will er sich die Fußballspiele im Fernsehen anschauen.
   (5) Obwohl er immer sagte, dass er nie mehr rauchen werde, raucht er immer noch.

7. 填空 Füllen Sie die Lücken mit 一方面 ... 另一方面 oder 一边 ... 一边:
   (1) 孩子们_____吃冰淇淋，_____看家长劳动。
   (2) 家长_____想让孩子劳动，_____又怕他们太累。
   (3) 在找对象时，女性_____重视职业，_____重视身高。
   (4) 不少孩子吃药时_____吃_____叫。

8. 选择 Entscheiden Sie, wo 等 durch 到 zu ersetzen ist:
   (1) 我等了他两个小时，可是他到现在还没来。
   (2) 等他来的时候，别人把事情都做完了。
   (3) 他家里电子琴、小提琴、钢琴等什么都有。

Lektion 14

(4) 等你学会了电脑，找工作就容易了。
(5) 图书馆里站满了人，想借书得等一会儿。

9. 翻译 Übersetzen Sie die Sätze:
   (1) 我对这个问题的想法是，应该注意关键问题。
   (2) 家长们有没有考虑过独生子女的想法？
   (3) 许多国家轻视在教育方面的投资。
   (4) 这家公司打算在钢琴生产方面进行投资。
   (5) 中国希望通过计划生育控制人口的发展。
   (6) 应该重视对环境污染的控制。

10. 用"可…了"回答问题 Beantworten Sie die Fragen mit 可 … 了：
    Beispiel:　　学校里非常热闹。
    　　　　—> 学校里可热闹了。
    (1) 中国的中学生学习上苦得很。
    (2) 有的独生子女非常自私。
    (3) 父母亲对孩子的影响大得很。
    (4) 明明非常喜欢吃糖。
    (5) 孩子们吃的冰淇淋非常多。

11. 翻译 Übersetzen Sie den folgenden Text ins Chinesische:
    Die „Ein-Kind-Politik" kennt jeder Chinese. In Großstädten wie Shanghai, Beijing oder Guangzhou wollen viele Leute nur ein Kind haben, weil sie nicht mehr der Auffassung sind, dass mehr Kinder mehr Glück bringen würden. Um das Einzelkind gut zu erziehen, tun sie alles, was sie können. Das ist einerseits gut für die Kinder, weil sie dadurch vielseitig gefördert werden. Andererseits haben viele Kinder Probleme, weil zu viele Leute sich um sie kümmern. Sie müssen oft das machen, was die Eltern wichtig

finden, auch wenn sie keinen Spaß daran haben. Vieles, was sie selbst machen wollen, können sie wiederum nicht tun, weil sie keine Zeit dafür haben.

12. 阅读课文　Lesetext:

家长的责任

家长甲(1): 父母的责任就是要让孩子吃好、穿好，生活得幸福。我们小时候碰(2)上困难时期，现在日子好了，别人的孩子吃什么、玩什么，我们的孩子也一样。玩具，只要孩子喜欢，不管是小娃娃(3)、大娃娃，还是小狗、汽车、游戏机 ... 要什么有什么。菜市场(4)来了新鲜东西，鱼、虾(5)、螃蟹(6)等，再贵也要买来做给孩子吃。

家长乙(7): 我女儿十岁，很想为家里干点事，可我总不让她干。有一次，我不在家，女儿把厨房里的菜洗干净了，还整整齐齐地放在篮子里。我一进门，看到她把菜洗了，就对她说："谁让你洗了？你洗得干净吗？你知不知道菜里有虫(8)？我对你说过多少次了，你就好好念书，别的什么也不用你管！"孩子一听哭(9)了。

家长丙(10): 邻居家有个男孩，总穿着新衣服，长得很可爱。一次，我跟他玩，教他学爬(11)树，他玩得特别高兴。没想到他妈看见了，马上大叫起来："快下来！快下来！"怕他摔坏了，硬(12)把他拉回家。孩子几次回头看着我，真可怜(13)。

家长丁(14): 我觉得，现在的孩子除了不缺吃，不缺穿，不缺钱花，什么都缺。玩的自由没有，一些基本的技能(15)和劳动也没有。做值日，有的孩子花钱让别人做；学校组织劳动，不是爷爷、奶奶，就是爸爸、妈妈来帮忙。

生词

1. 甲　　　　　　jiǎ　　　　　　der erste (*ursprünglich: der erste der zehn Himmelsstämme*)
2. 碰　　　　　　pèng　　　　　auf etwas stoßen
3. 娃娃　　　　　wáwa　　　　　Puppe
4. 菜市场　　　　càishìchǎng　　Markt
5. 虾　　　　　　xiā　　　　　　Krabbe
6. 螃蟹　　　　　pángxiè　　　　Krebs
7. 乙　　　　　　yǐ　　　　　　 der zweite (*ursprünglich: der zweite der zehn Himmelsstämme*)
8. 虫　　　　　　chóng　　　　　Insekt, Wurm
9. 哭　　　　　　kū　　　　　　 weinen
10. 丙　　　　　　bǐng　　　　　 der dritte (*ursprünglich: der dritte der zehn Himmelsstämme*)
11. 爬　　　　　　pá　　　　　　 kriechen
12. 硬　　　　　　yìng　　　　　 hart, hartnäckig
13. 可怜　　　　　kělián　　　　 bemitleidenswert
14. 丁　　　　　　dīng　　　　　 der vierte (*ursprünglich: der vierte der zehn Himmelsstämme*)
15. 技能　　　　　jìnéng　　　　 Können, Fähigkeit

回答问题 Fragen zum Text:

(1) 第一位家长认为什么是做父母的责任？
(2) 为了让孩子生活得幸福，这位家长怎么做？
(3) 他为什么这样做？
(4) 第二位家长的态度怎样？
(5) 她为什么反对女儿做家务？
(6) 那个男孩子的妈妈看见自己的孩子爬树时，态度怎样？
(7) 现在的孩子什么都不缺，对吗？

第15课： 高考

"几家欢乐，几家愁"。每年七月高考以后，人们总要想到这句话。考试前后，考生们紧张，家长们更紧张。因为能不能考上大学，是决定一辈子前途和命运的大事。这样的大事，你能不紧张吗？！

由于家长的宠爱，中国的孩子被舆论界批评为[1]"小皇帝"。可是，究竟有多少人知道他们的痛苦呢？

请听听孩子和他们家长的诉说吧——

可怜考生父母心　　　　曹昌光

清清[2]，女，北京某[3]重点中学的学生：

我小学是在一个很一般的胡同小学上的。那时侯也不知道用功，所以小学毕业也没考上重点中学。没考上就没考上吧[4]，我还是不懂得着急。直到有一回考试，我的名次落到了第25名，这才第一次急了。不久又面临中考，突然感到了一种命运前途的压力。整个[5]初三年级，同学们天天都被习题、测验、考试压迫着。考上了重点高中，以为总[6]可以放松几天了。可一进学校[7]，老师就开始讲考大学的事了。老师说，我们只是二类重点中学，考大学不是保险箱。一听这话，我们的神经一下子比初三还紧张了。

老周，高二学生家长：我们一家三口，每天最紧张最辛苦的就数女儿了。早上七点多到校[8]，晚上做功课至少到十点多，只有星期六晚上能看半个小时电视。有人说，现在的孩子没有劳动观念，不做家务事。我不同意这种说法。孩子连[9]跟父母多说几句话的工夫都没有，哪儿来时间干家务？吃晚饭的二十来[10]分钟是我女儿一天中最轻松的时间了，我们能够聊上几句。就这点没负担的时间，我们还情不自禁地要聊到她的学习上去。要不是营养跟得上，这书还怎么念下去[11]？

老林，北京大学学生家长：我女儿现在算是解放了，这是她自己说的。前不久我问她，功课压力大不大。你猜她怎么说？她说，中学那"不是人过的日子"[12]都熬过来了，大学这点功课算得了什么？

如果说过去中小学生的负担主要来自学校的话，八十年代末以来，很多父母又剥夺了孩子们已经极其有限的一点玩的时间了。为了使孩子们在未来的竞争中更有把握，父母们忍着内心的痛苦，从幼儿园起就把孩子"逼"到了钢琴前、画架前。一旦有了"特长"，考重点学校时可以加分。真是"可怜天下父母心"！

人们都说，中国学生最苦。问题是，学生有必要这样竞争吗？所有的学生都要挤在上大学这一条路上吗？

生词

高考	N	gāokǎo	Hochschulaufnahmeprüfung
欢乐	Ev	huānlè	fröhlich

愁	V/VO	chóu	besorgt sein, sich Sorgen machen

1）他愁得要命，不知道怎么办是好。
2）小王愁什么我不知道。

考生	N(个)	kǎoshēng	Prüfling, Prüfungskandidat
前途	N(种)	qiántú	Zukunft

路途 Weg, Wegstrecke

命运	N(种)	mìngyùn	Schicksal

她特别相信命运。

宠爱	VO	chǒngài	verwöhnen
舆论界	N	yúlùnjiè	Presse

界 Suffix für bestimmte Bereiche:
体育界 Sportkreise, 文化界 Kulturkreise

痛苦	Ev	tòngkǔ	schmerzhaft

你看他那痛苦的样子。

诉说	VO	sùshuō	sich beschweren

她从来不向别人诉说自己的痛苦。

某	P	mǒu	ein/e gewisse/er, sowieso

某人 jemand, 某地 an einem bestimmten Ort

胡同	N(条)	hútòng	Gassen in Beijing mit traditioneller Bebauung
用功	Ev	yònggōng	fleißig (beim Lernen)

他平时不用功，到了考试就忙。

懂得	VO	dǒngdé	begreifen, verstehen

有些家长还不懂得怎样教育孩子。

直到	Präp	zhídào	bis

直到昨天我才知道什么叫讨论课。

名次	N	míngcì	Rang, Platz

他们在比赛中取得了好名次。

落	V	luò	fallen

你得努力，别在学习上落后。

不久	Adv	bùjiǔ	kurz danach, bald
面临	VO	miànlín	bevorstehen, entgegensehen

这家公司面临很多问题。

中考	N	zhōngkǎo	Zulassungsprüfung zur Oberstufe der Mittelschule
压力	N(种)	yālì	Druck, Stress, Belastung

我在工作上感到有压力。

习题	N(道)	xítí	Übungsaufgabe
压迫	VO	yāpò	unterdrücken
放松	V	fàngsōng	sich entspannen

你放松放松吧，别太紧张了。

二类	N	èrlèi	zweite Klasse, zweiter Rang

二类保护动物

保险箱	N(只)	bǎoxiǎnxiāng	Safe

保险箱不一定就保险。

神经	N	shénjīng	Nerven
辛苦	Ev	xīnkǔ	hart, anstrengend
至少	Adv	zhìshǎo	mindestens

迟教授至少写了10本书。

连	Adv	lián	sogar, selbst

你连我也不认识了。

工夫	N	gōngfu	Zeit (Umgangssprache)

半个小时的工夫，饭已经做好了。

轻松	Ev	qīngsōng	locker, gelassen
情不自禁	R	qíng bù zì jìn	außer sich, spontan (vor Freude)

他一高兴，情不自禁地跳了起来。

念书	Vg	niàn shū	a) zur Schule gehen, b) Bücher lesen
解放	N/VO	jiěfàng	Befreiung, befreien

解放前 vor der Befreiung (die Zeit vor 1949)

解放后 nach der Befreiung (die Zeit nach 1949)

熬	VO	áo	durchhalten, aushalten
	没钱了，他们在熬日子。		
功课	N	gōngkè	Hausaufgaben
剥夺	VO	bōduó	berauben
	他的这点自由你不要再剥夺了。		
有限	R	yǒuxiàn	begrenzt
	无限 unbegrenzt		
未来	N	wèilái	Zukunft
竞争	N	jìngzhēng	Konkurrenz
	竞争对手 Konkurrent		
把握	VO/N	bǎwò	beherrschen
	1) 这种机会很难得，你要把握好。		
	2) 这次比赛你有没有把握？		
忍	V/VO	rěn	aushalten, dulden
	1) 他头疼得忍不了了。		
	2) 老李忍着痛苦，一句话也不说。		
逼	VO$_{Pers}$O$_V$	bī	zwingen
	他逼孩子学这学那。		
画架	N (个)	huàjià	Malstaffelei
特长	N(种)	tècháng	Stärke, Spezialgebiet
	他的特长是会说笑话。		
可怜	VO/Ev	kělián	bemitleiden, bemitleidenswert
	她很可怜那个孩子。		
	现在的孩子除了时间什么都有，真可怜。		
天下	N	tiānxià	Welt
	"天下为公"		
挤	V	jǐ	sich drängen, hineinzwängen
	车上人很多，明明还是挤了上去。		

语法和解释

1 „中国的孩子被舆论界批评为'小皇帝'": 为 ist eine Präposition und leitet hier das Präpositionalobjekt ein. Ähnliche Ausdücke sind 称为, 选为:
 1) 父母亲被称为"最早的老师"。(bezeichnen als)
 2) 他被选为家长代表。(wählen zu)

2 清清 ist ein Mädchenname. Persönliche Namen, die aus der Verdoppelung eines Schriftzeichen bestehen, waren eine Zeitlang sehr beliebt. Weitere Beispiele: 明明, 宁宁.

3 „北京某重点中学的学生": 某 bezieht sich auf Bestimmtes oder Unbestimmtes, was nicht beim Namen genannt wird:
某年某月某人说过这句话。
某 kann aber auch den Vornamen ersetzen:
我王某说到做到。

4 „没考上就没考上吧" ist eine umgangssprachliche Formulierung: „Wenn man die Prüfung nicht bestanden hat, dann hat man sie eben/halt nicht bestanden."

5 „整个初三年级": 整个 bedeutet „das ganze" und „gesamt":
整个初三年级 die gesamten Klassen des dritten Jahrgangs
整个大学 die ganze Universität

6 总 ist ein Adverb. Es drückt hier eine starke Vermutung aus und ist stärker als 可能 oder 大概. In dieser Funktion wird 总 meist mit der modalen Satzpartikel 了 verwendet. Zum Vergleich:
 1) 清清星期六 可能 可以看电视。(vielleicht)
 2) 清清星期六 大概 可以看电视。(wahrscheinlich)
 3) 清清星期六 总 可以看电视了。(bestimmt)

7 „可一进学校": 可 entspricht hier 可是.

8 „早上七点多到校": 七点多 ist eine umgangssprachliche Formulierung für „nach sieben Uhr".

9 „孩子连跟父母多说几句话的时间都没有": Die Konjunktion 连 dient der Hervorhebung: „sogar, selbst". Sie steht vor dem Satzteil, der betont wird. Sie wird oft mit 也 oder 都 verwendet:
1) 学生们连星期天也要做功课。
2) 连她这样的好学生也不想学了。

10 „吃晚饭的二十来分钟": 来 ist hier ein Adverb und bedeutet meistens „annähernd" oder „um":
1) 今天去了三十来个人。
2) 他买了五十来本书。

11 „要不是营养跟得上，这书还怎么念得下去？": 跟得上 ist eine feststehende Wendung mit der Bedeutung „Schritt halten können". 念书 hat zwei Bedeutungen, entweder „lesen, vorlesen" und „lernen, studieren". 要不是营养跟得上，这书还怎么念得下去? heißt „Wäre die Ernährung nicht gewährleistet gewesen, hätte sie dem Druck der Schule nicht standhalten können."

12 „不是人过的日子" bedeutet „eine harte Zeit, wie kein Mensch sie erleben möchte", „ein menschenunwürdiges Leben".

练习

1. 课文提问 Fragen zum Text:
   (1) 高考前后考生和家长为什么紧张？
   (2) 孩子为什么被批评为"小皇帝"？
   (3) 什么叫"重点中学"？
   (4) 清清什么时候开始着急的？
   (5) 她考上重点中学以后轻松了吗？
   (6) 老周为什么说他们家就数女儿最辛苦？
   (7) 有人说现在的孩子没有劳动观念，老周的想法怎样？
   (8) 老林的女儿为什么说她解放了？
   (9) 父母们为什么要逼孩子们弹钢琴、画画儿？

2. 造句 Bilden Sie Sätze:
   (1) 批评
   (2) 面临
   (3) 懂得
   (4) 压力
   (5) 至少
   (6) 跟得上
   (7) 竞争
   (8) 逼

3. 用中文解释 Erklären Sie die folgenden Begriffe auf Chinesisch:
   (1) 几家欢乐，几家愁
   (2) 胡同小学
   (3) 二类重点中学
   (4) 保险箱

4. 翻译 Übersetzen Sie ins Deutsche. Achten Sie auf 连 und 总:
   (1) 他连对象还没找到，怎么会结过婚呢？
   (2) 我连电脑都不会使用，哪里会知道这些软件怎样用呢？
   (3) 孩子们连学习的时间都不够，哪儿有工夫去劳动？
   (4) 你稀饭不吃，肉饼总吃吧。
   (5) 他总不会让爷爷奶奶来扫院子吧。
   (6) 我总不能一天24个小时都做作业吧。

5. 替换 Ersetzen Sie die unterstrichenen Satzteile durch 应该, 一定, 一共 oder 都:
   (1) 小王总共发表了几篇小说？
   (2) 这个问题人们现在不重视，以后总会重视的。
   (3) 在征婚广告中，人们总是提到自己的身高。
   (4) 你现在总能说德语了吧。

Lektion 15

6. 转换句型 Formulieren Sie die Sätze mit 连 um:
   Beispiel:　他没有对象，怎么会结婚呢？
   　　　　　—> 他连对象也没有，怎么会结婚呢？
   (1) 他没参加高考，怎么能上大学呢？
   (2) 家长不让孩子们做擦玻璃、扫院子这样的事。
   (3) 我也不知道大王是炊事员。
   (4) 您没有一张新家具，买地毯干吗？

7. 填空 Setzen Sie ein 直到，聊到，落到，感到，猜到:
   (1) 昨天晚上我们在小酒馆喝酒，_____德国的养老问题。
   (2) 学生们_____最近的压力特别大，又要学习又要打工。
   (3) 你不说，我也能_____你今年到底多大了。
   (4) 我们有多少票就卖多少票，_____卖完。
   (5) 比赛中，他开始时跑在最前面，后来_____最后面。

8. 翻译 Übersetzen Sie ins Deutsche:
   (1) 面临高考，他一点也不紧张，因为他很有把握。
   (2) 单亲家庭面临的问题要比双亲家庭多得多。
   (3) 许多孩子被逼着学钢琴、小提琴，一点玩的时间也没有。
   (4) 家长逼着孩子吃各种维生素，这样有什么好处？
   (5) 每年增加(zēngjiā, sich erhöhen)的工资跟不上物价的上涨(shàngzhǎng, steigen)。
   (6) 他跑的速度太快，我怎么也跟不上。

9. 替换 Ersetzen Sie 跟 durch 和 dort, wo es möglich ist:
   (1) 你走得那么快，我跟不上了。
   (2) 我跟他学钢琴已经三年了。
   (3) 清清跟她的好朋友一样上的是胡同小学。
   (4) 跟着他走，你们会到家的。

10. 翻译 Übersetzen Sie den Text ins Chinesische:

In China gibt es Schwerpunkt-Grund-, -Mittel- und -Hochschulen. Wer später studieren will, sollte zuerst eine Schwerpunkt-Grundschule und dann anschließend eine Schwerpunkt-Mittelschule besuchen. Kinder, die dieses Ziel erreichen sollen, sind bereits im Kindergarten dem Konkurrenzdruck ausgesetzt. Viele beherrschen schon im Kindergarten das, was eigentlich Lernstroff der ersten oder sogar der zweiten Klasse ist. Aufgrund einer Bestimmung werden solche Kinder bevorzugt gefördert, die besonders talentiert sind. Aus diesem Grund zwingen viele Eltern ihre Kinder, Klavier spielen oder malen zu lernen. Sie stehen schon von klein auf unter dem Druck und müssen fleißig lernen, bekommen dafür aber auch fast alles, was sie haben wollen.

11. 阅读课文

一个父亲的想法

中国的孩子很少有真正的童年，因为他们很小就要开始学写字、学算术(1)了。已经上学的孩子几乎没有周末，因为周末的时间早就被父母们安排好了：学琴、画画、复习功课，就是没有时间玩。父母们为什么要这样呢？就听听一个父亲是怎么说的吧：

十年文化大革命使我青少年时的梦想破灭(2)了。看看人家那些当了工程师(3)、教授的，我真是羡慕(4)极了。可自己已经是30好几快40的人了，再去读书上大学是不行了。好在有个儿子，我把全部希望放在了儿子的身上，发誓(5)要让他上大学，考研究生，出国留学，不成个大专家(6)也要成为个小专家。自己身上失去的，要从孩子身上找回来。于是，从他读小学一年级起，我就天天要他多背(7)书，多写作业，经常给他讲："你将来的目标(8)是北大、清华。"我要他学书法，学外语，拉小提琴 ..., 还给他做了一张表格(9), 上面贴(10)了一面一面小红旗(11), 每一面红旗代表一个100分。可是儿子就是不理解我, 我要他学他不学, 还在一个小本子上写上: "我最恨(12)爸爸, 老叫我学, 学, 学。" 我一看, 气得半死, 揍(13)了他一顿(14), 可是没有用。其实他的学习也不算坏, 在班里算中上。可我要他在班上成为第一名, 成为最好的学生, 将来好给我争口气(15)。为了能让他考上重点中学, 我花钱给他请了家庭教师。可是他不愿意, 说玩的时间太少。他特别喜欢打乒乓球(16), 一个区的少年队(17)看中了他。儿子求我好几次, 邻居也说: "你就让孩子去吧, 这可是个难得的好机会啊!" 我和他妈妈考虑了半天, 没让他去, 怕影响他的学习。可他现在的 成绩还不如以前。

生词

1.	算术	suànshù	Mathematik
2.	破灭	pòmiè	zerstört
3.	工程师	gōngchéngshī	Ingenieur
4.	羡慕	xiànmù	beneiden
5.	发誓	fā shì	schwören
6.	专家	zhuānjiā	Experte
7.	背	bèi	auswendig lernen
8.	目标	mùbiāo	Ziel
9.	表格	biǎogé	Tabelle
10.	贴	tiē	kleben
11.	红旗	hóngqí	rote Fahne
12.	恨	hèn	hassen
13.	揍	zòu	schlagen

14.	顿	dùn	ZW für 打
15.	争气	zhēngqì	Ehre machen
16.	乒乓球	pīngpāngqiú	Tischtennis
17.	少年队	shàoniánduì	Jugendmannschaft

回答问题 Fragen zum Text:

(1) 为什么说已经上学的孩子几乎没有周末？
(2) 这位父亲为什么把全部希望都放在儿子身上？
(3) 他发誓要做什么？
(4) 他让孩子做什么？
(5) 孩子说他将来的目标是北大、清华，对吗？
(6) 孩子对父亲的看法怎样？
(7) 父亲为什么要让孩子成为班上的第一名？
(8) 孩子没去打乒乓球，现在的成绩比以前好多了，是吗？

第16课： 香烟的作用

香烟危害人类健康，这早已被医学家所证明[1]。它含有尼古丁等物质，使成千上万吸烟的人成为肺癌等疾病的牺牲品。有人把香

烟称为人类健康的"杀手"，这是很有道理的。为了减少香烟造成的危害，许多国家采取措施[2]限制香烟的生产，禁止在报纸和电视上为香烟做广告。因为抽烟者在公共场所抽烟会污染空气，使周围的人也吸入有害气体，危害别人的健康，所以，许多国家禁止在公共场所抽烟。

香烟虽然是有害的，但中国有许许多多的"烟民"[3]。不但老年人抽，中年人抽，不少青年人也会抽。为什么明明[4]知道抽烟会危害自己和别人的健康，却还有这么多人抽呢？我的同学小王曾向我谈了他学会抽烟的经历。他说："有一年春节，我到亲戚家去作客。一位从没见过面的表叔递过来一支烟，请我抽。我忙说不会。表叔把我从头到脚看了一遍，然后问我：'多大了？'我说：'十八啦！'表叔说：'十八岁的人连烟都不会抽，象什么话[5]？再说[6]，学会了抽烟好处多着呢[7]！干有些工作，不会抽烟还不行。人家给你敬烟，你不抽就是看不起人家。在外面办事，你要是不先敬烟，往往会碰钉子'。说完就请我抽。第一次见面，我不好意思拒绝他，又想表明自己已经长大了，便伸手去接烟[8]，从此我也学会了抽烟。学会了抽烟，好处还真不少。俗话说：抽了烟，好办事。香烟成了人们的交际工具。有一次，我有急事要去上海，跑到火车站售票厅去买火车票。没想到，排队买票的人都排到了厅外。人这么多，怎么办？我急中生智，走到排在第四位的一位男同志身边，向他递了一支烟。我跟他谈了几句，问他是否能帮我买一张去上海的票。他二话没说[9]就满足了我的要求。一支烟刚抽了一半，票已经到手了。我赶上了最早一班去上海的车[10]。"

在中国，会抽烟的人互相敬烟，本来是一种习惯和礼貌。但是，也有些人把它庸俗化了[11]，使它成为办事的手段和交际的工具，好像离开了香烟就办不成事。这是一种不良的社会风气，小王的例子正好说明了这种情况。

生词

医学家	N(位)	yīxuéjiā	Mediziner
所	Pa	suǒ	*Passivpartikel*
危害	VO	wēihài	gefährden

抽烟危害人的身体健康。

含有	VO	hányǒu	enthalten

他的话含有许多意思。

尼古丁	N	nígǔdīng	Nikotin
物质	N (种)	wùzhì	Materie; Stoff
成千上万	R	chéng qiān shàng wàn	unzählig
成为	VO	chéngwéi	werden

电脑已经成为大学生的重要工具。

肺癌	N	fèi'ái	Lungenkrebs

癌病 Krebs

疾病	N (种)	jíbìng		Krankheit
牺牲品	N (个)	xīshēngpǐn		Opfer
杀手	N (个)	shāshǒu		Mörder
	手 Suffix:			
	新手 Neuling, 老手 Routinier,			
	助手 Helfer, 高手 Meister			
有道理	R	yǒu dàoli		Recht haben, richtig
	这句话有没有道理？			
采取	VO	cǎiqǔ		ergreifen
措施	N(种)	cuòshī		Maßnahme
限制	VO$_{Pers}$O$_V$	xiànzhì		einschränken
	家长限制孩子看电视。			
禁止	VO$_{Pers}$O$_V$	jìnzhǐ		verbieten
	没有人禁止他玩电子游戏。			
场所	N (家)	chǎngsuǒ		Ort
	休息场所 Erholungsort			
空气	N	kōngqì		Luft
周围	N	zhōuwéi		Umgebung, Umfeld, ringsum
	1）周围都是树。			
	2）学校周围都是树。			
有害	R/Ev	yǒuhài		schädlich
气体	N(种)	qìtǐ		Gas
中年人	N(个)	zhōngniánrén		Person mittleren Alters
明明	Adv	míngmíng		offensichtlich, klar
不断	R/Ev	bùduàn		ständig
亲戚	N(个)	qīnqī		Verwandte/er
表叔	N(个)	biǎoshū		Onkel mütterlicherseits
递	VO$_{Präp}$O	dì		reichen, geben
	表叔递给我烟。			
从头到脚	R	cóng tóu dào jiǎo		von Kopf bis Fuß

Lektion 16

| 好处 | N(种) | hǎochù | Vorteil |
| 敬烟 | Vg | jìng yān | Zigaretten anbieten |

他给客人敬了一支烟。

| 碰钉子 | R/Vg | pèng dīngzi | einen Korb bekommen |

他在朋友那儿碰了钉子。

| 拒绝 | VO | jùjué | ablehnen, zurückweisen |

朋友拒绝了他的帮助。

表明	VO	biǎomíng	zeigen, beweisen
伸	VO	shēn	ausstrecken
俗话	N(句)	súhuà	volkstümliche Redensart
售票厅	N (个)	shòupiàotīng	Schalterhalle

售票处 Fahrkartenschalter

| 急中生智 | R | jí zhōng shēng zhì | Not macht erfinderisch |
| 是否 | Adv | shìfǒu | ob |

他是否抽烟我不知道。

| 二话没说 | R | èr huà méi shuō | wortlos |

他二话没说就走了。

| 满足 | VO | mǎnzú | befriedigen |

谁能满足他的要求？

| 赶上 | VO | gǎnshàng | (Flugzeug, Zug) erreichen |

我没赶上7点的火车。

| 班 | ZW | bān | ZW für 车、飞机 |
| 本来 | Adv | běnlái | ursprünglich, eigentlich |

我们本来不是朋友。

庸俗	Ev	yōngsú	spießbürgerlich, vulgär
手段	N (种)	shǒuduàn	Mittel, Methode
社会风气	N (种)	shèhuì fēngqì	gesellschaftliche Moral
例子	N(个)	lìzi	Beispiel
正好	Adv	zhènghǎo	gerade, gerade richtig

我去的时候，他正好在家。

语法和解释

1 „这早已被医学家所证明": 所 markiert hier zusammen mit 被 das Passiv. Es wird meistens in der Schriftsprache verwendet.

2 采取措施 ist eine Verb-Objekt-Konstruktion, der eine weitere Verb-Objekt-Konstruktion folgt. Sie bedeutet „Maßnahmen ergreifen, um etwas zu erreichen":

1) 我们要采取措施改变目前的情况。
2) 北京必须采取更多的措施保护环境。

3 烟民 bedeutet „Raucher". Es handelt sich dabei um eine Wortschöpfung des Autors. Mit 民 kann man Wörter wie 公民 (Bürger), 居民 (Einwohner), 选民 (Wähler) bilden.

4 „为什么明明知道抽烟会危害自己的健康": 明明 ist die verdoppelte Form des Eigenschaftsverbs 明 und fungiert hier als Adverbialbestimmung. Es bedeutet „ganz genau", „klar und deutlich".

5 „象什么话?" ist eine rhetorische Frage: „Wie kann das denn angehen?". Weitere Beispiele:

1) 学了五年中文,连这个字都不会写,象什么话?
2) 他连圣诞节也没回家,真不象话。

6 „再说" bedeutet „außerdem" oder „darüber hinaus". Es wird in der Umgangssprache verwendet.

7 „学会了抽烟好处多着呢!": ... 着呢 ist ein Ausdruck, der zur emphatischen Intensivierung eines Eigenschaftsverbs verwendet wird:

1) 这个老师好着呢! = 这个老师非常好。
2) 今天的人多着呢! = 今天的人非常多。

8 „便伸手去接烟": Das Adverb 便 drückt aus, dass eine Handlung unmittelbar auf eine andere folgt. Es ist umgangssprachlicher als 就 im Sinne von „gleich darauf":

上完课他便离开了教室。 = 上完课他就离开了教室。

9 二话没说 bedeutet „ohne ein Wort zu sagen", „wortlos", wie 什么话也没说. Es kann aber auch „ohne Wenn und Aber" heißen:

1) 打完电话，他二话没说就走了。(ohne ein Wort zu sagen)

2) 一看到这本书，他二话没说便买了。(ohne Wenn und Aber)

10　„我赶上了最早一班去上海的车": 班 ist das Zählwort für Linienbusse, Züge und Linienflüge. 最早一班车 bedeutet „der früheste Zug", 最后一班车 "der letzte Zug".

11　„也有些人把它庸俗化了": 庸俗化 besteht aus dem Eigenschaftsverb 庸俗 (vulgär) und dem Suffix 化. Man kann es mit „herabwürdigen" übersetzen. Ein weiteres Beispiel:

不少北京人觉得，朋友之间不应该谈钱。如果谈钱，就使朋友关系庸俗化了。

练习

1. 课文提问 Fragen zum Text:
   (1) 香烟为什么会危害人类健康？
   (2) 什么是"杀手"？
   (3) 为什么在公共场所禁止抽烟？
   (4) 中国的"烟民"情况怎样？
   (5) 小王为什么没有拒绝表叔给他的烟？
   (6) 会抽烟有什么好处？
   (7) 小王是怎样买到去上海的车票的？

2. 造句 Bilden Sie Sätze:
   (1) 危害
   (2) 含有
   (3) 禁止
   (4) 办事
   (5) 限制
   (6) 拒绝
   (7) 满足
   (8) 赶上

3. 填空 Setzen Sie das passende Komplement ein (过来，过去，起来，回来，出来，回去):
   (1) 老张递_____一支烟请我抽。
   (2) 他说："这是我从云南(Yúnnán)带_____的，抽一支。"
   (3) 我一听就笑了_____，告诉他我不抽烟。
   (4) 然后，把口袋里的糖拿_____，递了_____。
   (5) 他把烟拿了_____，说："吃糖不好，人会胖，还是抽烟好。"

4. 翻译 Übersetzen Sie die Sätze unter Verwendung von 象话 oder 多着呢:
   (1) Es gibt Kinder, die mit zehn schon beginnen zu rauchen. Das geht aber wirklich nicht.
   (2) Er kommt fast jedes Mal zu spät und entschuldigt sich auch nicht. Wie kann das denn angehen?
   (3) Sie kennt wirklich viele Leute. Es sieht so aus, als ob sie alle Leute kennen.
   (4) Es gibt wirklich viele Ehepaare, die keine Kinder haben wollen.

5. 完成句子 Vervollständigen Sie die Sätze:
   (1) 他表叔二话没说就_____ (递烟)。
   (2) 老师二话没说就_____ (介绍)。
   (3) 客人们二话没说就_____ (参观)。
   (4) 同事们二话没说就_____ (开始)。
   (5) 小王二话没说就_____ (限制)。

6. 翻译 Übersetzen Sie ins Deutsche:
   (1) 抽烟不但污染环境，而且也危害人的身体健康。
   (2) 随着环境的污染，许多动物也受到了危害。
   (3) 德国在高速公路上对汽车的速度没有限制。
   (4) 为了限制参加晚会的人数，他们作出了特别的规定。

(5) 许多国家采取措施禁止吸毒(dú, Drogen)。

(6) 非本公司人员禁止入内。

7. 回答问题 Beantworten Sie die Fragen. Verwenden Sie 便:
   Beispiel: 表叔请他抽烟，他怎么样？
   —> 表叔请他抽烟他便抽了。
   (1) 他一见到你就怎么样了？（给我递了一支烟）
   (2) 看见排队买票的人那么多，他怎么办？（走到排在最前面的人那儿）
   (3) 一进学校，老师怎么样？（让学生考试）
   (4) 只要一聊天，一家人怎么样？（聊到学习上）

8. 把"再"放在正确的地方 Setzen Sie 再 an der richtigen Stelle ein:
   (1) A 上了大学以后 B 不少学生 C 不 D 用功了。
   (2) 小王 A 也不 B 想让 C 别人 D 看不起了。
   (3) 去年他 A 没 B 考上大学，今年还 C 想 D 试一次。
   (4) 他女儿 A 想 B 先学钢琴 C 学 D 小提琴。

9. 构词并翻译 Bilden Sie Wörter und übersetzen Sie:
   (1) 化: 老－，年轻－，民主－，专业－
   (2) 民: 全－，选－，市－，难－，居－
   (3) 手: 助－，好－，国－，歌－

10. 翻译 Übersetzen Sie den folgenden Text ins Chinesische:
    Es gibt in China die unterschiedlichsten Gründe zu rauchen. Wer in Gesellschaft ist und rauchen möchte, fragt jedes Mal, ob die anderen auch rauchen möchten. Gleichzeitig bietet man schon Zigaretten an. Wer eine annimmt, sagt trotzdem aus Höflichkeit „nein, nein", um zu zeigen, dass man höflich ist. Das ist ganz anders als in Deutschland.

Heutzutage sind die Zigaretten in China ein wichtiges Kommunikationsmittel geworden. Man kann sagen, mit Zigaretten lässt sich vieles schneller und besser machen. Mit einer Zigarette findet man gleich „Freunde", lassen sich oft Schwierigkeiten überwinden. Das ist wohl ein Grund, warum so viele Chinesen rauchen.

In den letzten Jahren hat die chinesische Regierung Maßnahmen ergriffen, um die durch das Rauchen verursachten Gesundheitsschäden zu reduzieren. An vielen Orten, wie im Zug und Bus, ist das Rauchen verboten. Diese Maßnahmen wurden von vielen begrüßt.

11. 阅读课文 Lesetext:

为什么抽烟？

根据一个统计数字，1994年中国城市居民的烟草消费(1)平均每人是71元，酒的消费是66元，而房租只有79元，用在文化娱乐上的钱只有55元。虽然许多城市规定不让在医院、幼儿园、中小学、会议室(2)等地方抽烟，吸烟的人却以每年2%的速度在增长。

为什么有这么多的人喜欢抽烟呢？

有个演员说，他参加工作后，周围的人抽烟，也给他烟抽。他说不会，别人就请他尝尝(3)。尝了以后也没什么不好，以后别人给他烟他就抽，这样就学会了。

一个女记者说，她抽烟的原因是，刚参加工作的时候，自信心(4)不是特别强。作为女性，做这个工作不容易被别人承认(5)。后来找到了这个办法，好像抽烟能让人觉得你年龄大一点儿，成熟(6)一点儿。

有个医生说，他年轻的时候抽过烟。那是在农村，因为害怕蚊子(7)咬(8)，所以抽烟是为了把蚊子赶走。还有，人家结婚的时候，发的是喜烟，不抽不行。另外，在跟人交际时，互相敬烟会使交际更容易。后来觉得抽烟以后非常不舒服，嘴里有一股(9)很难闻(10)的味儿(11)，自己觉得很难闻，别人一定觉得更难闻。他不愿意因为不好意思而让自己受罪(12)，所以后来就戒(13)烟了。

有个不抽烟的老师说，上大学时周围的同学都抽烟，他觉得他应该反潮流(14)，别人都抽，他就不抽。他看不起抽烟的人，认为这些人没有个性(15)。

生词

1.	消费	xiāofèi	Konsum, Verbrauch
2.	会议室	huìyìshì	Sitzungssaal
3.	尝	cháng	probieren
4.	自信心	zìxìnxīn	Selbstvertrauen
5.	承认	chéngrèn	anerkennen
6.	成熟	chéngshú	reif
7.	蚊子	wénzi	Moskito
8.	咬	yǎo	stechen, beißen
9.	股	gǔ	ZW für 味儿
10.	难闻	nánwén	übelriechend
11.	味儿	wèir	Geruch
12.	受罪	shòuzuì	leiden
13.	戒	jiè	sich abgewöhnen
14.	反潮流	fǎncháoliú	gegen die Strömung schwimmen
15.	个性	gèxìng	Charakter

判断对错 Beurteilen Sie die folgenden Sätze:

(1)　中国城市居民花在烟草方面的钱最多。(对、错)
(2)　因为限制抽烟，吸烟的人越来越少。(对、错)
(3)　那个演员工作前就会抽烟了。(对、错)
(4)　女记者觉得抽烟对她的工作有好处。(对、错)
(5)　有个医生说，抽烟可以赶走蚊子。(对、错)
(6)　那个医生觉得烟味儿很难闻。(对、错)
(7)　"反潮流"的意思是做跟别人不一样的事。(对、错)

第17课："中国心"

应德国联邦政府新闻局的邀请[1]，我们到德国进行了三个星期的访问。负责接待我们的德国人几乎每人都有一串关于中国的故事[2]。

最先[3]迎接我们的是在法兰克福大学中文系读硕士学位的林小姐。她说："我在上高中的时候，父亲的一个朋友到我家，讲了他去中国旅游的事情，一下子把我吸引住了[4]。"林小姐上大学以后，利用一年的时间到北京大学学习中文。开始，她的父母都不理解她为什么要放弃去美国留学的机会。今天，当德国成为中国在欧洲的主要贸易伙伴的时候，她父母才发现，女儿的选择是有长远眼光的。

难以忍受　　　　　　王治曈

慕尼黑的马博士对她目前的工作非常满意。她受聘于[5]西门子公司，负责向高层管理人员介绍中国的政治、社会和文化背景。她说："为了了解中国的发展，我几乎每年都要去中国。这样，我可以更好地向我的学生介绍中国。"

在柏林洪堡大学读博士学位的谢先生跟我们一见面就提"二锅头"[6]，那是他六年前在北京语言学院留学时最喜欢的东西。他告诉我们，今年秋天有可能应邀到天津大学教德语，而他最大的愿望是将来在中国办一所德语学校。

在柏林的一个青年文化中心，一位年轻的女教师激动地叙述了她对中国少林寺的访问。她计划把中国的武术、京剧安排进教学中。

最后一站[7]的陪同是科隆大学的中文博士生钱先生。他可以很熟悉地说出鲁迅、巴金、王蒙等一长串中国作家的代表作。为了完成毕业论文，他将于年内第二次拜访[8]一位上海老作家。

最令人感动的是，离开德国的前一天，联邦总理的新闻顾问康先生在一家记者俱乐部为我们送行[9]。他曾12次陪同德国政府要人访问中国，见过毛泽东、周恩来、邓小平等许多中国领导人。他说："我最大的愿望是再去中国一趟，但不是去工作，而是去居住一段时间[10]，过一过中国普通人的生活。"

我们相信，随着中德两国经济与文化交流的不断发展，康先生以及许许多多有一颗"中国心"的德国人一定能够实现他们的良好愿望。

生词

应…邀请	R	yìng ... yāoqǐng	eingeladen von

应邀 auf Einladung
1）汉堡大学邀请他来汉堡。
2）他应汉堡大学的邀请来汉堡。

联邦	N	liánbāng	Bund

德意志联邦共和国 Bundesrepublik Deutschland

新闻局	N(个)	xīnwénjú	Presseamt
访问	VO/N	fǎngwèn	besuchen, Besuch
负责	VO	fùzé	zuständig sein

她在单位里负责计划生育。

接待	VO	jiēdài	empfangen

我们负责接待中国留学生。

串	ZW	chuàn	ZW für 故事, 葡萄 u.a.
最先	Adv	zuìxiān	zuerst, als erster

最后 zuletzt, als letzter

迎接	VO	yíngjiē	abholen

他们到车站迎接客人。

读	VO	dú	lesen

读书 a) Bücher lesen, b) zur Schule gehen

1）他在北京读了几年书。
2）这类书我不想读。
3）他在法国读过几年大学。

硕士	N	shuòshì	Magister
学位	N(个)	xuéwèi	akademischer Grad

硕士学位 Magistergrad

理解	VO	lǐjiě	verstehen, nachvollziehen
放弃	VO	fàngqì	aufgeben, verzichten

我不能放弃这样的好机会。

主要	Ev*	zhǔyào	hauptsächlich
贸易	N(种)	màoyì	Handel
伙伴	N(个)	huǒbàn	Partner

主要贸易伙伴 Haupthandelspartner

选择	VO	xuǎnzé	auswählen

我不想选择这个公司作我的贸易伙伴。

长远	Ev*	chángyuǎn	lang
眼光	N(种)	yǎnguāng	Sicht, Blick

一个人要有长远眼光。

博士	N(位)	bóshì	Doktor(-Titel)
受聘	Vg	shòu pìn	angestellt werden

他现在受聘于一家贸易公司。

管理人员	N(个)	guǎnlǐ rényuán	Manager
背景	N(种)	bèijǐng	Hintergrund

历史背景 historische Hintergründe

将来	N(种)	jiānglái	Zukunft

将来我想周游世界。

激动	Ev	jīdòng	aufgeregt

1）别激动，请你慢慢说。
2）朋友们激动地说着话。

叙述	VO/N	xùshù	erzählen, beschreiben

他给我们叙述了他的亚洲之行。

计划	VO$_V$/N	jìhuà	planen

1）我计划三年内读完硕士学位．
2）我的计划是三年内读完博士学位．

武术	N(种)	wǔshù	Kampfkunst

艺术 Kunst

陪同	N/VO	péitóng	begleiten

1）他陪同我在德国旅行。
2）他是我在德国旅行时的陪同。

代表作	N(部)	dàibiǎozuò	Hauptwerk
博士生	N(名)	bóshìshēng	Doktorand
内	N	nèi	in, innen, innerhalb

年内 innerhalb eines Jahres, 国内 im Land

拜访	VO	bàifǎng	besuchen

他去上海拜访了那位老作家。

令人感动	R	lìng rén gǎn dòng	bewegend

他在困难的时候还帮助我，十分令人感动。

总理	N(位)	zǒnglǐ	Ministerpräsident
顾问	N(位)	gùwèn	Berater
记者	N(位)	jìzhě	Journalist
俱乐部	N(家)	jùlèbù	Klub

送行	VO_Präp	sòng xíng	Abschied nehmen
		我们在俱乐部为/给老朋友送行。	
要人	N(位)	yàorén	wichtige Persönlichkeit
不断	Adv	bùduàn	ununterbrochen
以及	K	yǐjí	sowie
颗	ZW	kē	ZW für 心 usw.
实现	VO	shíxiàn	verwirklichen
愿望	N(个)	yuànwàng	Wunsch

专有名词

西门子	Xīménzǐ	Siemens
洪堡大学	Hóngbǎo dàxué	Humboldt-Universität
二锅头	Èrguōtóu	Erguotou-Schnaps
少林寺	Shàolínsì	Kloster Shaolin
科隆	Kēlóng	Köln
鲁迅	Lǔ Xùn	Lu Xun（1881 – 1936）
巴金	Bā Jīn	Ba Jin (1904 –)
王蒙	Wáng Méng	Wang Meng (1934 –)
毛泽东	Máo Zédōng	Mao Zedong (1893 – 1976)
周恩来	Zhōu Ēnlái	Zhou Enlai (1898 – 1976)
邓小平	Dèng Xiǎopíng	Deng Xiaoping (1904 – 1997)

语法和解释

1 „应德国联邦政府新闻局的邀请": 应 ist ein Verb mit der Bedeutung „erhalten, entgegennehmen". 应 ... 邀请 kann man mit „auf Einladung von ..." übersetzen. Die Kurzform dafür heißt 应邀:

1）他们应德国政府的邀请访问德国。

2）他们应邀访问德国。

2 „... 都有一串关于中国的故事": 串 ist eigentlich ein Zählwort für Weintrauben oder Perlen im Sinne von „Traube" oder „Schnur". In übertragener Bedeutung heißt es „eine Reihe" oder „viel". Man vergleiche:

一串葡萄,　一串故事 (viele Geschichten)

3 „最先迎接我们的是 ... 林小姐": 先 ist ein Adverb und entspricht „erst" im Deutschen. Das Antonym dazu heißt 后. 先 unterscheidet sich von 早 wie folgt:

先 vs. 后: 他先来，我后来。Er kommt zuerst, ich später.

早 vs. 晚: 他来得早，我来得晚。Er kommt früh, ich spät.

4 „一下子把我吸引住了": 吸引 ist ein Verb mit der Bedeutung „anziehen, faszinieren". Es wird oft mit dem Komplement 住 verwendet:

1）这本书吸引住了我。

2）这本书把我吸引住了。

3）我被这本书吸引住了。

5 受聘于: Die Erläuterung zu 受 findet sich in Lektion 3, Anmerkung 9. 受聘 „angestellt werden" ist eine Verbalgruppe. Sie verlangt die Präposition 于:

她受聘于西门子公司 = 西门子公司聘用她

Man kann auch sagen:

她受西门子公司的聘用.

6 二锅头 ist ein hochprozentiger Schnaps aus der Region Beijing.

7 „最后一站的陪同 ...": 站 ist hier ein Substantiv mit der Bedeutung „Station". 最后一站 heißt „die letzte Station".

8 拜访 hat fast die gleiche Bedeutung wie 访问, ist aber im Vergleich zu 访问 höflicher.

9 „联邦总理顾问 ... 为我们送行": 送行 ist eine Verbalgruppe, die die Präposition 为 oder 给 erfordert. Zwei Bedeutungen: a) „jn. zum Abschied begleiten" oder b) „jn. mit einer Feier verabschieden", wie im hier angeführten Satz.

10 „但不是去工作，而是去居住一段时间": 不是 ... 而是 ... ist eine Konjunktion mit der Bedeutung „nicht ..., sondern ...":

1) 我来不是接你的,而是接她的。
2) 不是我不去,而是父母不让我去。

练习

1. 课文提问 Fragen zum Text:
   (1) 作者是应谁的邀请到德国的?
   (2) 谁有一串关于中国的故事?
   (3) 什么事情吸引了林小姐?
   (4) 她父母对她学中文的态度怎么样?
   (5) 德国和中国是什么关系?
   (6) 马博士在西门子负责什么?
   (7) 她为什么每年要去中国?
   (8) 谢先生为什么要提"二锅头"?
   (9) 柏林的那个年轻女教师有什么打算?
   (10) 科隆的钱先生对中国文学的兴趣怎样?
   (11) 康先生是什么人?他的最大愿望是什么?
   (12) 有一颗"中国心"的德国人是什么意思?

2. 造句 Bilden Sie Sätze:
   (1) 选择
   (2) 应 ... 邀请
   (3) 计划
   (4) 吸引
   (5) 接待
   (6) 放弃
   (7) 受聘于
   (8) 令人感动
   (9) 送行
   (10) 陪同

Lektion 17

3. 转换 Formen Sie die erweiterten Nominalgruppen zu Sätzen um:
   Beispiel: 学习中国历史的同学
       —> 这些同学学习中国历史。
   (1) 这些负责接待我们的德国人
   (2) 最先迎接我们的人
   (3) 在法兰克福攻读硕士学位的张小姐
   (4) 成为中国在欧洲的主要贸易伙伴的德国
   (5) 负责向管理人员介绍中国文化的马小姐
   (6) 在中国留学时去过少林寺的他
   (7) 打算在中国办一所德语学校的谢先生

4. 转换 Formen Sie die erweiterten Nominalgruppen zu Sätzen um:
   Beispiel: 他读过的一些作品
       —> 他读过一些作品
   (1) 他在北京留学时最喜欢的那样东西
   (2) 他在中国办的一所德语学校
   (3) 一年前他对中国少林寺的访问
   (4) 钱先生拜访过的一位上海老作家
   (5) 康先生见过的中国政府领导人

5. 用中文解释 Erklären Sie die folgenden Begriffe auf Chinesisch:
   (1) "二锅头"
   (2) 青年文化中心
   (3) 要人
   (4) 少林寺

6. 完成句子 Vervollständigen Sie die Sätze:
   (1) 他跟我们一见面就提 _____ 。
   (2) 她激动地叙述了 _____ 。
   (3) 为了完成毕业论文，_____ 。

(4) 我们相信，＿＿＿＿＿＿＿＿＿＿＿＿＿＿＿＿＿＿。
(5) 连我也不能理解＿＿＿＿＿＿＿＿＿＿＿＿＿＿。

7. 填空 Setzen Sie passende Präpositionen ein:
   (1) 老王＿＿＿他的工作很不满意。
   (2) 你负责＿＿＿他们介绍中文系的情况。
   (3) 马博士知道很多＿＿＿中国文化的故事。
   (4) 我们在一家小酒馆＿＿＿他送行。
   (5) ＿＿＿留学生的增加(zēngjiā, zunehmen)，食堂的人越来越多.。
   (6) 小李＿＿＿我们说了他的愿望。
   (7) 我＿＿＿上高中时去过法国。
   (8) 他讲的故事＿＿＿我吸引住了。

8. 翻译 Übersetzen Sie ins Deutsche:
   (1) 长大以后开飞机是许多孩子的愿望。
   (2) 她的愿望是考上大学以后能轻松几天。
   (3) 他的热情帮助非常令我们感动。
   (4) 同学们的话深深地感动了王老师。
   (5) 我明天到机场为一位老朋友送行。
   (6) 为了给我们送行，他请来了很多我们教过的学生。
   (7) 他放弃了赚外快的好机会，专心写他的小说。
   (8) 虽然时间很紧，但是我不想放弃这么难得的旅游机会。

9. 翻译 Übersetzen Sie ins Chinesische:
   (1) Dieser Film hat mich so fasziniert, dass ich ihn innerhalb einer Woche dreimal gesehen habe.
   (2) Auf Einladung des Bürgermeisters von Shanghai hat der Hamburger Bürgermeister eine Woche lang Shanghai besucht.
   (3) Da sie China sehr gut kennt, wurde sie nach dem Examen sofort von einer Firma eingestellt.

Lektion 17

(4) Er wird nach China zurückgehen. Viele Freunde verabschieden ihn am Flughafen.

10. 完成句子 Vervollständigen Sie die Sätze:
   (1) 来车站接我们的不是_____而是_____。
   (2) 虽然医学越来越发达，但是生病的人不是_____而是_____。
   (3) 孩子们的竞争不是_____而是_____。
   (4) 老师告诉同学，到了中学，任务不是_____而是_____。

11. 填空 Füllen Sie die Lücken mit 先、后、早、晚:
   (1) 我们应邀访问德国，_____去柏林，_____去慕尼黑。
   (2) 他_____就想去中国旅游了。
   (3) 我比他_____来了5分钟。
   (4) 王先生比林先生毕业得_____。
   (5) 我_____不知道他是什么人，后来才听说。
   (6) 你_____不来_____不来，为什么现在来？

12. 翻译 Übersetzen Sie den folgenden Text ins Chinesische:

Ich war 14 Jahre alt, als ich mich entschloss, Deutsch zu lernen. Mein Onkel war damals zum Frühlingsfest nach Nanjing gekommen, um uns zu besuchen. Er war vier Jahre als Journalist in Deutschland gewesen. Während er bei uns war, hat er uns sehr viel über Deutschland erzählt. Ich war sofort von dem, was er erzählte, fasziniert. Von da an habe ich viele Bücher über Deutschland gelesen, natürlich auf Chinesisch. Ich konnte damals kein Wort Deutsch sprechen, bis auf „Guten Tag", was mir mein Onkel beigebracht hatte.

Nach dem Abitur habe ich die Hochschulzulassungsprüfung bestanden. Mit großer Freude ging ich nach Beijing und begann, deutsche Sprache und Literatur an der Beijing-Universität zu studieren.

13. 阅读课文　Lesetext

中　医　热(1)

美国，曾经是拒绝承认中国传统医学的国家。近些年来，情况发生了喜人(2)的变化。

70年代初，包括(3)美国总统(4)在内的一些美国人，带头向美国以及全世界介绍并推广(5)中国传统医学的成就(6)，使美国成为西方世界中医热的带头人。

现在，全美国除了两个州以外，都以各种不同的形式(7)为中医大开绿灯。美国从事(8)针灸(9)的人数已经达到2万人。中医的药费也可以在保险公司报销(10)了。美国现在有各种中药店和中药食品商店1万多家。特别是美国城市中的"唐人街"(11)中药店一家接着一家，比北京或广州的中药店还多；各种中药都有，而且质量很好，但是价格很贵。

美国现在有针灸或中医学院20多所，还设立(12)了中西医结合医学博士学位。有个大学的植物园里，有一块3000多平方米的中药园。美国医生用针灸和中药治疗艾滋病(13)已经取得了一些成绩。

法国是西方从事中医针灸研究最早、工作做得最多的国家。最早一本介绍中医的书1671年就出版了。很长时间以来，法国的一些医院用针灸治不同的病，包括内科(14)、外科、妇科、儿科、骨科、眼科等。目前，法国有18所中医研究单位，8所以上的针灸专门学校，近10种中医杂志，从事中医研究和治病的人数约1万，其中700多人系统(15)地学习过3年以上的中医。法国政府已经决定在医学院使用中医教材(16)。

生词

1. 热　　　　rè　　　　　　Boom
2. 喜人　　　xǐrén　　　　　erfreulich
3. 包括　　　bāokuò　　　　einschließlich
4. 总统　　　zǒngtǒng　　　Präsident
5. 推广　　　tuīguǎng　　　verbreiten
6. 成就　　　chéngjiù　　　Errungenschaft
7. 形式　　　xíngshì　　　　Form, Art und Weise
8. 从事　　　cóngshì　　　　sich beschäftigen
9. 针灸　　　zhēnjiǔ　　　　Akupunktur
10. 报销　　　bàoxiāo　　　　(Kosten) erstatten
11. 唐人街　　Tángrénjiē　　　Chinatown
12. 设立　　　shèlì　　　　　errichten, einrichten
13. 艾滋病　　Àizībìng　　　　Aids
14. 科　　　　kē　　　　　　Abteilung
15. 系统　　　xìtǒng　　　　　systematisch
16. 教材　　　jiàocái　　　　Lehrmaterial

判断对错 Beurteilen Sie die folgenden Sätze:

(1)　中医在美国一直很受欢迎。（对、错）
(2)　美国的所有州都以各种形式支持中医。（对、错）
(3)　在美国，看中医的药费不用自己付。（对、错）
(4)　美国一些城市的中药店一家比一家贵。（对、错）
(5)　法国对中药的研究比美国早。（对、错）
(6)　法国的医生用针灸只能治一种病。（对、错）

第18课： 勤俭节约的 德 国 人

1986年底我去德国留学，德国人给我上的第一课是[1]：要勤俭节约。

洗块小手帕　　　　1981

现在我还十分清楚地记得，刚下飞机，我拿着行李来到德国教授为我安排好的学生宿舍[2]。宿舍管理员是一位个子很高、很礼貌的先生。在看了房间、公用厨房和洗衣房以后，他带我来到公用洗手间。当我正在为洗手间干净的地面和抽水马桶惊奇时，管理员先生已经站在抽水马桶旁边，仔细地告诉我，怎样在使用抽水马桶时注意节约用水。他的态度非常认真，使我也认真地学起来了。德国并不是缺水的国家，有十分丰富的水资源。这位管理员却把节约用水看得非常重要。他说，正因为[3]德国人有很浓的节水意识，他们的水资源才丰富。我在国内听了多次"节约用水"的口号，却是在这里学会了应该怎么做。

随着留学生活的开始，我发现德国人在生活上节约的意识也很浓。我曾经在德国同学安娜家住过很长时间。安娜是一个工程师的独生女，在节约方面有着典型的德国人的习惯。记得有一次我购物回家，她看见我手上拿的是在商场用5分钱买的新购物袋，就提醒我说："昨天你不是买过一个购物袋吗？怎么又买新的？购物袋可以用好多次呢！"我回答道："反正[4]也就5分钱。""5分钱也是钱呀！"安娜认认真真地对我这样说。她不理解我对5分钱表现出的不值一提的态度[5]。她有一种观点："钱是劳动挣来的，不该花的钱1分也不要花。"

安娜房间里的家具是她父母不用的家具。我认识的德国青年朋友中，许多人使用旧家具和二手家用电器，没有一个人家中有大的彩电[6]。朋友们一起上餐馆吃饭，每人只点一个自己喜欢吃的菜。饭后，桌上留下的全是被吃得干干净净的空盘子，而没有大吃大喝[7]、饭后剩菜很多的现象。安娜告诉我："吃完你盘中的食物"是一代又一代德国人用来教育孩子的口头禅。因此，孩子们从小就[8]建立了这样的观点：把食物剩在盘子中是浪费。

那么，德国人把钱花到哪里去了呢？他们花到了旅游方面。如果要了解德国的年轻人是不是也在相互攀比，你会发现，他们比的不是吃的、穿的或是高级电器，也不是开的什么车、住的什么房，而是见识，是这个人上哪儿去旅行过，见过世界的哪些地方。能去非洲或来中国旅游被看做令人羡慕的事[9]。不少年轻人省吃俭用好几年，把钱省下来去旅游。许多人的最大愿望是周游世界。

生词

| 勤俭节约 | R | qínjiǎn jiéyuē | sparen |

1）他在生活上很勤俭。
2）大家都应该节约用电。

| 记得 | VO/VO$_{Satz}$ | jìde | sich erinnern |

我记得他去过南京。

行李	N (件)	xíngli	Gepäck
管理员	N(个)	guǎnlǐyuán	Hausmeister
公用	Ev	gōngyòng	öffentlich

公用电话 öffentliches Telefon
公用洗澡间 gemeinsamer Duschraum

洗手间	N	xǐshǒujiān	Toilette
抽水马桶	N (个)	chōushuǐ mǎtǒng	Wasserklosett

抽水机 Wasserpumpe

惊奇	Ev	jīngqí	erstaunt

他的想法让我觉得很惊奇。

仔细	Ev	zǐxì	sorgfältig
缺	VO	quē	fehlen

他现在缺钱。

资源	N(种)	zīyuán	Ressourcen

森林资源 Waldressourcen

意识	N(种)	yìshí	Bewusstsein

环保的意识 Umweltbewusstsein

口号	N (句)	kǒuhào	Parole, Motto, Slogan
工程师	N (个)	gōngchéngshī	Ingenieur
典型	Ev	diǎnxíng	typisch

他是典型的法国人。

商场	N (家)	shāngchǎng	Warenhaus
购物袋	N (只)	gòuwùdài	Einkaufstasche

口袋 Tasche, Tüte

提醒	VO$_{Pers}$O$_V$	tíxǐng	jn. an etw. erinnern

谁能提醒他明天还书？

反正	K	fǎnzhèng	sowieso
表现	N/VO	biǎoxiàn	Ausdruck, ausdrücken

1）他今天的表现跟以前不一样。
2）他喜欢表现自己。

不值一提	R	bù zhí yī tí	nicht erwähnenswert
家具	N (套)	jiājù	Möbel

具 Suffix:
工具 Werkzeug, 玩具 Spielzeug

二手	Ev	èrshǒu	Secondhand

二手汽车 Gebrauchtwagen, 二手家具 Secondhand-Möbel

彩色	N	cǎisè	Farbe

彩色电视机（彩电）

餐馆	N (家)	cānguǎn	Restaurant
点菜	Vg	diǎn cài	Gerichte bestellen

他点了几个我喜欢吃的菜。

盘子	N (只)	pánzi	Teller
大吃大喝	R	dà chī dà hē	viel essen und trinken
剩菜	N	shèngcài	Speisereste
一代	Nu+ZW	yī dài	eine Generation

一代人 eine Generation (Menschen)

口头禅	N (句)	kǒutóuchán	Lieblingswort
浪费	VO/N	làngfèi	verschwenden

别浪费时间。

攀比	V	pānbǐ	sich messen an, vergleichen

他不喜欢跟别人攀比。

见识	N (种)	jiànshi	Erlebnis
看做	VO$_{Präp}$O	kànzuò	betrachten als

我把他看做我的朋友。

令人羡慕	R	lìng rén xiànmù	beneidenswert
省吃俭用	R	shěng chī jiǎn yòng	sparsam sein
省	VO	shěng	sparen

这样做菜省电。

周游世界	R	zhōu yóu shìjiè	um die Welt reisen

专有名词

| 安娜 | Ānnà | Anna |

语法与解释

1. „德国人给我上的第一课是: 要勤俭节约": 上课 heißt „Unterricht haben" oder „Unterricht geben", im übertragenen Sinn: „jm. eine Lektion erteilen".

2. „我 ... 来到德国教授为我安排好的学生宿舍": In diesem Satz ist 德国教授为我安排好的 ein erweitertes Attribut, das einem Relativsatz im Deutschen entspricht. Die Nominalgruppe lässt sich durch Weglassen von 的 in einen Satz umformulieren:

   1）德国教授为我安排好的学生宿舍 (Nominalgruppe)

   2）德国教授为我安排好学生宿舍。(Satz)

3. „正因为德国人有很浓的节水意识，他们的水资源才丰富": 正 ist hier ein Adverb mit der Bedeutung „genau, gerade". Es ist von 正, 正在 für den Aspekt des Verlaufs zu unterscheiden, das nur vor dem Prädikat stehen kann. Man vergleiche:

   1a) 这个音响正是我想买的。

   1b) 正因为你跟这事没关系，所以我才告诉你。

   2a) 他来的时候，我正听收音机呢。

   2b) 我正在工作，别影响我。

4. „反正也就是5分钱": 反正 ist ein Adverb und entspricht etwa „sowieso" oder „schließlich" im Deutschen. Diesen Satz kann man mit „es sind bloß fünf Pfennig" übersetzen.

5. „她不理解我对5分钱表现出的不值一提的态度" hat die Bedeutung: "Sie kann meine Haltung nicht verstehen, nämlich dass ich fünf Pfennig so geringschätze." 对 ... 表现 ... 态度 ist ein fester Ausdruck mit der Bedeutung „einer Sache gegenüber eine bestimmte Einstellung zeigen".

6. „没有人家中有大的彩电": 彩电 ist eine Abkürzung des Kompositums 彩色电视机. Von den Basiswörtern 彩色 und 电视机 wird jeweils die erste

Silbe (Zeichen) genannt. Diese Abkürzungsform wird im Chinesischen sehr häufig verwendet (andere Fälle S. 215).

7 „没有大吃大喝、饭后剩菜很多的现象": In 大吃大喝 bedeutet 大 nicht „groß", sondern „in großer Menge". Ebenso bedeutet 大手大脚 „auf großem Fuß leben".

8 „孩子们从小就建立了这样的观点": 就 hat viele Bedeutungen. Hier ist 就 im Sinne von 已经 gebraucht.

9 „能去非洲或来中国旅游被看做令人羡慕的事": 看做 ist ein Verb und entspricht dem deutschen „etw. betrachten als". Im Aktivsatz verlangt es zwei Objekte, eins davon mit 把-Konstruktion:
他们把去中国旅游看做令人羡慕的事。
Ähnliche Ausdrücke sind 叫做 und 当做.

练习

1. 课文提问 Fragen zum Text:
   (1) "我"下飞机以后的情况怎样？
   (2) 管理员带"我"到洗手间干什么？
   (3) 德国缺不缺水？为什么？
   (4) 安娜对节约是什么态度？
   (5) 安娜为什么提醒"我"不要买新的购物袋？
   (6) 你觉得安娜的观点怎么样？
   (7) 什么叫"二手电器"？
   (8) 德国人上饭馆吃饭有什么习惯？
   (9) 德国人教育孩子的口头禅是什么？
   (10) 德国年轻人互相攀比吗？
   (11) 年轻人的最大愿望是什么？你呢？
   (12) 你觉得这位中国作者对德国的看法怎么样？

2. 造句 Bilden Sie Sätze:
   (1) 节约
   (2) 记得
   (3) 安排
   (4) 惊奇
   (5) 缺
   (6) 习惯
   (7) 值得一提；不值一提
   (8) 提醒
   (9) 把 ... 看做

3. 完成句子 Vervollständigen Sie die Sätze:
   (1) 他清楚地记得，_____。
   (2) 我正在读书的时候，_____。
   (3) 我们把 _____ 看得非常重要。
   (4) 正因为图宾根的学习气氛浓厚，_____。
   (5) 他哥哥提醒他 _____。
   (6) 大学里有很多 _____ 的现象。
   (7) 他们俩比 _____。
   (8) 他的最大愿望是 _____。

4. 填空 Setzen Sie das richtige Komplement ein（动，下，会，好，下来，起来）:
   (1) 点 _____ 菜后我们等了半个小时。
   (2) 他把钱省 _____ 买书。
   (3) 打完电话他高兴得唱了 _____。
   (4) 他刚学 _____ 开车，开得不好。
   (5) 行李太多，我一个人拿不 _____。
   (6) 他点的菜太多，我们吃不 _____。

5. 缩写 Kürzen Sie die Formulierungen ab:
   (1) AB CD —> AC: 北京大学 —> 北大
       a. 家用电器   b. 科学技术
   (2) Nu + Anfangszeichen: 广东、广西 —> 两广
       a. 湖南、湖北   b. 夏收、夏种、夏管
   (3) Nu + letztes Zeichen: 东汉、西汉 —> 两汉:
       a. 身体好、学习好、工作好,
       b. 工业现代化、农业现代化、科学技术现代化、国防现代化

6. 转换 Wandeln Sie den markierten Satz in ein erweitertes Attribut um:
   Beispiel: 我来到学生宿舍。这个宿舍是德国教授为我安排好的。
           —> 我来到德国教授为我安排好的学生宿舍。
   (1) 宿舍管理员是一位先生。这位先生个子很高、很礼貌。
   (2) 我手上拿着购物袋。这个购物袋是我在商场用5分钱买的。
   (3) 她不理解我的态度。我对5分钱表现出不值一提的态度。
   (4) 安娜用的是老家具。这些老家具她父母不用了。
   (5) 桌上留下的全是空盘子。这些空盘子被人们吃得干干净净。
   (6) 许多年轻人用电器。这些电器是年轻人在二手商店买的。

7. 翻译 Übersetzen Sie ins Deutsche:
   (1) 不管你怎么说，我反正不相信。
   (2) 不管他文化程度高不高，反正公司要聘用他。
   (3) 不吃白不吃，反正不用自己花钱。
   (4) 这个口号我小时候就听说了。
   (5) 一上小学，他们就感到很大压力了。
   (6) 五十年代就有人提出要计划生育了。

8. 转换句型 Formulieren Sie die Sätze um, indem Sie die 把-Konstruktion verwenden:
   Beispiel: 浪费被人们看做是不好的习惯。
           —> 人们把浪费看做是不好的习惯。

(1) 安娜被同学们选做学生代表。
(2) 他去过几次中国，被人们当做中国问题专家。
(3) 不吃完盘子里的饭菜被看做是浪费。
(4) 汉堡被不少人称做"最漂亮的城市"。

9. 翻译 Übersetzen Sie folgende Sätze ins Chinesische:
   (1) Was mir fehlt, ist ein richtiger Freund, mit dem ich über alles reden kann.
   (2) Seine Einstellung in dieser Angelegenheit kann ich verstehen, aber meine ist anders als seine. (态度)
   (3) Er achtet sehr darauf, die vier Töne richtig auszusprechen. (注意)
   (4) Es ist ein typisch amerikanischer Film. Es lohnt sich, ihn anzuschauen. (典型; 值得一看)
   (5) In den letzten Ferien habe ich in einem großen Betrieb gejobbt und viel Geld verdient. Nun kann ich im Semester richtig studieren.
   (6) In den letzten Jahren habe ich viel Geld gespart. Mit diesem Geld möchte ich rund um die Welt reisen.

10. Schreiben Sie einen kurzen Text über 勤俭节约的德国人:
    作者对德国人的印象和看法怎样？
    你认为这些印象和看法怎样？
    为什么？

11. 阅读课文 Lesetext:

德国印象

德国统一(1)前，我曾经多次到过德国。但时间都很短。德国统一5年以后，我又一次从东欧开车来到了德国。

西柏林曾经是西方世界的橱窗(2)，五光十色，灯火辉煌(3)。现在，西柏林和东柏林到处在造(4)房子，一片繁荣(5)景象(6)。

8000万人口的德国,首都波恩(7)却是一个只有30万人口的小城市。波恩的建筑大多是上百年的老建筑,一般只有二、三层,既美观又舒适。整个波恩只有一座三十层的大高楼。

从居民的高收入、高消费来看,德国人的生活水平很高。他们的平均月工资为3000马克,每月五、六千马克收入的家庭是中等水平。当然,物价也是高的。特别是靠进口的蔬菜(8),一根黄瓜(9)就要一美元(10)。但是,能买到便宜商品的地方也很多。每年1月和7月,全国各地有两次大减价(11)。一双平时卖七、八十马克的质量不错的皮鞋(12)在大减价时只卖二、三十马克。每个周末,各地都有大大小小的"跳蚤市场"(13)。每到周末,长途电话费半价;5人花30马克就可以买到"快乐周末票", 到处旅游。

德国的高速公路四通八达(14)。由于高速公路上没有速度限制,所以常常可以看见年轻人开飞车。在路上还可以看见年龄很大的白发老人, 他们开车到外地去旅游。

德国的工业特别发达,但自然环境并没有受到太大的破坏(15)。德国处处可以看见青山绿水,大片的牧场(16)和成群(17)的牛羊。公路两旁都是树木,可见德国人的环保意识有多强。

生词

1.	统一	tǒngyī	Vereinigung
2.	橱窗	chúchuāng	Schaufenster
3.	灯火辉煌	dēnghuǒ huīhuáng	von Lichtern erhellt
4.	造	zào	bauen
5.	繁荣	fánróng	gedeihen

6.	景象	jǐngxiàng	Bild
7.	波恩	Bō'ēn	Bonn
8.	蔬菜	shūcài	Gemüse
9.	黄瓜	huángguā	Gurke
10.	美元	Měiyuán	US-Dollar
11.	减价	jiǎn jià	den Preis reduzieren
12.	皮鞋	píxié	Lederschuhe
13.	跳蚤市场	tiàozǎo shìchǎng	Flohmarkt
14.	四通八达	sì tōng bā dá	in alle Richtungen führen
15.	破坏	pòhuài	zerstören
16.	牧场	mùchǎng	Weide, Koppel
17.	群	qún	Herde, Menge

判断对错 Beurteilen Sie die folgenden Aussagen:

(1) 德国统一后作者
   a. 第五次到德国。
   b. 多次到过德国。
   c. 第一次到德国。
(2) "西柏林曾经是西方世界的橱窗"的意思是
   a. 西柏林的橱窗是西方世界最大的。
   b. 人们可以通过西柏林了解西方。
   c. 人们在西柏林看橱窗。
(3) 作者没有说
   a. 德国的蔬菜贵。
   b. 德国人的工资情况。
   c. 德国的气候情况。
(4) 作者认为德国的环境
   a. 没有受到破坏。
   b. 被破坏得不太严重。
   c. 被破坏得特别严重。

第19课： 莱茵河的 环 境 保 护

在德国民歌中，有两个特别重要的主题：森林和莱茵河。有一首歌唱出了千百万人的梦想："愿莱茵河水是金色的美酒"[1]。可惜[2]的是，莱茵河两岸美丽如画的山坡上虽然长满了葡萄，莱茵河水却再也不是一河清水了[3]。

莱茵河曾被称为"地球上污染最严重的大河"。河的两岸有无数的工厂，特别是大型化工厂。这些工厂曾把无数的有害物质排入河中。其中有的可能致癌，有的会改变遗传特征。莱茵河经历过许多次灾难。1976年，联邦德国的巴斯福化学公司发生了一场大火，400吨化学品和农药被倒入河中[4]，

——从你们厂一开工，
河里就剩这一种鱼

方 成

其中包括致命的杀虫剂。1986年10月31日夜里，莱茵河上游的山度士化学公司起火，1350吨化学品烧了起来，使当地居民几乎无法呼吸[5]，莱茵河也受到了严重污染，出现了"生态死亡"。除了工厂的污染以外，航行在莱茵河上的船只[6]也曾毫无顾虑地把无数的废油排进河里。总之[7]，每年排入莱茵河里的有害化学物质可以说是不计其数。有人说，莱茵河是欧洲最大的化学库。

莱茵河流域生活着3200多万人，其中百分之十的人用莱茵河水作为饮用水[8]。河水的严重污染曾使两岸居民的生活受到严重影响。面对这种情况，莱茵河的沿岸国家意识到问题的严重性，采取了许多措施保护莱茵河的环境。例如，沿岸的工厂有义务采用高技术的环保设备，对排入河中的废水进行净化，禁止河上的船只把废油排入水中。经过多年的努力，情况有了不小的变化。虽然最先进的环保设备也不可能把所有的有害物质去掉，但是莱茵河的污染已经减少了三分之一。现在，河里重新出现了二、三十种鱼类，大批的鸟类也在河的两岸安了家。1976年夏天，有个男的在莱茵河中游泳。因为河水毒性太强，警察以为他想自杀，就把他从河中救了起来。现在，莱茵河的有些地方又可以游泳了。

"莱茵河正在恢复健康"，这是德国"南德意志报"的一个标题，也是莱茵河的发展趋势。莱茵河水虽然变得越来越清了，但是，要把它变成"金色的美酒"已经不可能了[9]。

生词

民歌	N (首)	míngē	Volkslied
主题	N (个)	zhǔtí	Hauptthema

歌曲的主题 Motiv des Liedes

森林	N (片)	sēnlín	Wald
首	ZW	shǒu	ZW für 歌
山坡	N (面)	shānpō	Berghang
葡萄	N (串)	pútáo	Weintrauben

葡萄酒 Wein

岸	N	àn	Ufer

河岸 Flussufer, 海岸 Küste

严重	Ev	yánzhòng	sehr ernst/schlimm
大型	Ev*	dàxíng	groß

中型、小型（中小型）mittelgroß und klein

排(水)	VO	pái	(Wasser) ableiten
致癌	Vg	zhì ái	Krebs erregen

尼古丁是一种致癌物质。

遗传	Ev	yíchuán	erblich
	有些疾病是遗传的。		
特征	N (个)	tèzhēng	Merkmal
灾难	N (场)	zāinàn	Katastrophe
	地球上每年都有大大小小的灾难发生。		
吨	ZW	dūn	Tonne
化学品	N (种)	huàxuépǐn	Chemieprodukt
农药	N	nóngyào	Pestizid
倒	VO	dào	auskippen, ausschütten
包括	VO	bāokuò	einschließen
	他们的房租，包括水电费，一共1000块钱。		
致命	Vg	zhì mìng	zum Tode führen, tödlich
杀虫剂	N(种/包)	shāchóngjì	Schädlingsbekämpfungsmittel
上游	N	shàngyóu	Oberlauf
	中游和下游 Mittel- und Unterlauf		
起火	Vg	qǐ huǒ	ein Feuer bricht aus
	车里起火了。		
当地	N	dāngdì	am Ort, lokal
烧	VO	shāo	brennen; kochen
	1）这座老房子被烧了。		
	2）昨天他烧了几个菜，真不错。		
无法	R	wúfǎ	keine Möglichkeit haben
	没有电话卡就无法打电话。		
呼吸	V	hūxī	atmen
	他深深地呼吸了一下。		
生态	N (种)	shēngtài	Ökologie, Umwelt
	生态保护 Umweltschutz		
航行	V	hángxíng	(mit dem Schiff) fahren
毫无顾虑	R	háo wú gùlǜ	ohne jede Rücksicht
	有些人说话毫无顾虑。		

废油	N	fèiyóu	Altöl

废气、废水 Abgas, Abwasser

总之	Adv	zǒngzhī	kurz gesagt
不计其数	R	bù jì qí shù	unzählbar

图书馆的书多得不计其数。

饮用水	N	yǐnyòngshuǐ	Trinkwasser
面对	VO/P	miànduì	gegenüberstehen/angesichts

1) 他面对着大海，一句话也不说。
2) 面对这种情况，人们想了很多办法。

采用	VO	cǎiyòng	verwenden

她在学习上采用了一种新方法。

例如	VO	lìrú	als Beispiel nehmen
设备	N (套)	shèbèi	(technische) Anlage
净化	VO	jìnghuà	reinigen

污水必须净化。

船只	N	chuánzhī	Schiffe
去掉	VO	qùdiào	beseitigen

墙上的画得去掉。

批	ZW	dàpī	ZW für Menge und Gruppen

一批学生 eine Gruppe von Schülern
大批旅游者 eine große Anzahl von Touristen

安家	Vg	ān jiā	sich niederlassen
毒性	N	dúxìng	Giftigkeit
自杀	N/V	zìshā	Selbstmord
救	VO	jiù	retten
恢复	VO	huīfù	sich erholen

他已经恢复了健康。

标题	N (个)	biāotí	Titel (von Zeitungsartikeln)
趋势	N (种)	qūshì	Tendenz

发展趋势 Entwicklungstendenz

专有名词

莱茵河	Láiyīnhé	Rhein
巴斯福	Bāsīfú	BASF
山度士	Shāndùshì	Sandoz

语法和解释

1. „愿莱茵河水是金色的美酒": Mit 愿 bildet man einen Wunschsatz, der dem deutschen Ausdruck „Möge ..." entspricht.

    愿你幸福!

2. 可惜: Mit 可 werden viele Zusammensetzungen gebildet:

    可笑　lächerlich　　　　可怕　schrecklich
    可爱　hübsch, niedlich　可见　ersichtlich
    可靠　zuverlässig　　　 可口　lecker

3. In „莱茵河水却再也不是一河清水了" wird der Nomen 河 als Zählwort für 水 verwendet. Ähnliche Formulierungen:

    一汽车人　ein Wagen voller Menschen
    一房子书　ein Zimmer voller Bücher

4. 倒入: Das Zeichen 倒 hat zwei Töne: „dǎo" und „dào". 倒 im dritten Ton bedeutet „fallen" oder „umkippen", im vierten Ton „ausschütten", „auskippen":

    1) 孩子摔倒在地上。(dǎo)
    2) 他把水倒掉(diào)了。(dào)
    3) 请你把车倒回去。(dào) (rückwärtsfahren)

5. „使当地居民几乎无法呼吸": 无法 bedeutet „keine Möglichkeit haben", man kann auch sagen 没有办法.

6. 船只 ist der Oberbegriff für Schiffe. Es besteht aus dem Nomen 船 und dem zugehörigen Zählwort 只. Dieses Prinzip der Wortbildung findet sich u.a. in

    一只船　—　船只，　　一群(qún)人　—　人群
    一间房　—　房间，　　一朵花　—　花朵

7   总之 leitet einen Satz ein, in dem zuvor genannte Sachverhalte zusammengefasst werden. Im Deutschen entspricht das z.B. „summa summarum" oder: „kurz gesagt". Ein weiteres Beispiel:
对这件事，有的人同意，有的人不同意，总之，大家的意见不同。

8   „其中百分之十的人用莱茵河水作为饮用水": 作为 ist eine zweisilbige Präposition mit der Bedeutung „als" (in der Position):
作为学生，他每天都得学习。

9   „但是，要把它变成'金色的美酒'已经不可能了" kann man mit „Es ist nicht mehr möglich, das Wasser des Rheins in ‚Goldenen Wein' zu verwandeln" übersetzen. In dem Satz ist 要把它变成'金色的美酒' das Subjekt.

练习

1. 课文提问 Fragen zum Text:
    (1) 为什么说莱茵河曾是"地球上污染最严重的河"？
    (2) 巴斯福公司曾经发生过什么事？
    (3) 山度士公司失火的后果是什么？
    (4) 莱茵河上的船只对莱茵河有什么影响？
    (5) 莱茵河对居民生活有什么意义？
    (6) 沿岸国家是在什么情况下采取措施的？
    (7) 采取了什么样的措施？
    (8) 情况有了什么变化？
    (9) 莱茵河的发展趋势怎样？

2. 造句 Bilden Sie Sätze:
    (1) 可惜
    (2) 烧
    (3) 不计其数
    (4) 意识
    (5) 采取措施

Lektion 19

(6) 安家
(7) 趋势
(8) 停留

3. 填空 Setzen Sie mit 可 gebildete Wörter ein:
   (1) 可___得很，他三分钟以前刚走。
   (2) 这个菜烧得真可___，我得学学。
   (3) 他这个人不可___，你千万别相信他。
   (4) 她看见我一句话也不说，可___她真的生气了。
   (5) 你说可___不可___，我不想跟他说话他非要说。

4. 填空 Setzen Sie 曾经 oder 已经 ein:
   (1) 小王_____抽过烟，现在不抽了。
   (2) 他们俩在一起生活_____十多年了。
   (3) 很多孩子上小学时就_____会玩电脑了。
   (4) 报纸上_____报道说，"家庭_____不存在了"。
   (5) 中国的经济_____发展很慢，八十年代以来发展很快。
   (6) 莱茵河_____是污染非常严重的河，现在_____好多了。

5. 完成句子 Vervollständigen Sie die Sätze:
   (1) 如果不改变易北河的污染情况，_____。
   (2) 为了使易北河变清，_____。
   (3) 这些环保设备虽然很先进，_____。
   (4) 除了化工厂对莱茵河的污染以外，_____。

6. 解释 Erklären Sie die folgenden Begriffe auf Chinesisch:
   (1) 杀虫剂
   (2) 生态死亡
   (3) 毫无顾虑
   (4) 环保设备

7. 翻译 Übersetzen Sie ins Deutsche:
   (1) 第二次世界大战中死亡的人不计其数。
   (2) 世界上每年排入江河湖海中的有害物质不计其数。
   (3) 现在，人们对环保的意识比过去强多了。
   (4) 人们意识到，养老是一个重大的社会问题。
   (5) 为了达到目的，可以采取各种不同的措施。
   (6) 中国采取措施控制人口的增长。
   (7) 家庭越来越小是中国社会的一个发展趋势。
   (8) 德国的一个发展趋势是，关心政治的人越来越少。

8. 填空 Setzen Sie das passende Wort ein (面对、经过、其中):
   _____几年的努力，这个地区的居民生活有了很多变化。_____最大的变化是，人们的环保意识有了很大提高。_____发展与环保这两个问题，人们意识到，不能先发展后注意环保，而必须是在发展的同时注意环保。

9. 翻译 Übersetzen Sie die Sätze ins Chinesische:
   (1) Als Lehrer will ich mit allen Mitteln den Studierenden helfen, ihre Schwierigkeiten beim Studium zu überwinden. (作为)
   (2) Viele Leute nutzen diese zwei Wochen als Urlaub (度假时间), um ins Ausland zu reisen. (作为)
   (3) Es ist heute nicht mehr möglich, in der Elbe zu schwimmen, weil das Wasser zu stark verschmutzt ist. (无法)
   (4) Ich kann nicht morgens um sechs Uhr aufstehen. (无法)

10. 写文章 Schreiben Sie einen kurzen Text zu folgenden Stichwörtern:
    德国人使用汽车的情况
    汽车对空气的污染
    可以用什么方法减少汽车对空气的污染

11. 阅读课文　Lesetext:

中国人的环保观念

我是一个外国留学生，来中国不知不觉(1)有两年了。在这短短的两年时间里，我对中国的印象有了很大的变化。中国人勤劳(2)、热情、节约，让我很感动(3)。但是，我觉得中国人的环保意识还不是很普遍。

刚来北京的第一个星期，我跟几个朋友坐火车到西安去旅游，就遇到一个印象很深的事情。车窗外风光秀丽，车厢(4)里朋友们有说有笑，七、八个小时很快就过去了。有一位服务员把车里的垃圾(5)扫到一起，然后在大家的注视(6)下，把垃圾扔(7)到窗外。我很不理解她的行为。后来，我在北京也遇到过这样的情况，比如，出租车司机很自然地向窗外吐痰(8)，在公共场所，有人把烟头、果皮(9)随便扔在地上。

在这样的环境里，我也慢慢地习惯了随便扔垃圾。更糟糕(10)的是，这样做，我并没有感到有什么不好。有一次，我的孩子对我说："这样随便扔垃圾多方便啊！"听了以后我吓了一跳，开始反省(11)自己的行为。

上学期寒假时，我到南方去。从北京到昆明(12)，火车开了56个小时，车厢一直很干净。更让人愉快的是，服务员没有把垃圾扔到窗外，而是在火车停下来以后，把垃圾袋子带下了车。我想，中国人的环保观念也许正从火车上开始形成(13)。

保护环境，不是一个人、一个国家的事，而是全世界所有国家、整个人类面临的大问题。我们都应该认真地思考一下，应该怎样做，才能把一个真正的乐园(14)留给我们的子孙(15)。

生词

1.	不知不觉	bù zhī bù jué	unbewusst
2.	勤劳	qínláo	fleißig
3.	感动	gǎndòng	bewegt, berührt
4.	车厢	chēxiāng	Waggon
5.	垃圾	lājī	Müll
6.	注视	zhùshì	beobachten
7.	扔	rēng	wegwerfen
8.	吐痰	tǔ tán	spucken
9.	果皮	guǒpí	Fruchtschale
10.	糟糕	zāogāo	schlimm, verflucht, so ein Pech
11.	反省	fǎnxǐng	sich prüfen
12.	昆明	Kūnmíng	Kunming (Hauptstadt der Provinz Yunnan)
13.	形成	xíngchéng	bilden, sich ereignen
14.	乐园	lèyuán	Paradies
15.	子孙	zǐsūn	Nachkommen

判断对错 Beurteilen Sie die folgenden Aussagen:

(1) 这篇文章的主要内容是
　　a. 说明中国的风景非常漂亮。
　　b. 告诉人们在中国旅游非常舒服。
　　c. 说明中国人对环境保护的态度发生了变化。
(2) 在从北京到西安的火车上，服务员
　　a. 没有扫垃圾。
　　b. 打扫后把垃圾带到车下。
　　c. 把垃圾扔到火车外边。
(3) 作者的孩子说随便扔垃圾很方便，他听了以后
　　a. 没有觉得不好。

b. 觉得很好。

   c. 觉得很不好。

(4) 作者要大家考虑，怎样做才能给子孙留下
   a. 一个美好的世界。

   b. 一个真正的儿童乐园。

   c. 一个好玩的花园。

第20课: 长江会不会变成第二条黄河？

几年前，人们就[1]长江是否会变成第二条黄河的问题进行过激烈的争论。现在，这场争论似乎有了答案：如果不采取有力措施的话，长江的泥沙将会跟黄河一样多，水灾的危险也将越来越大。

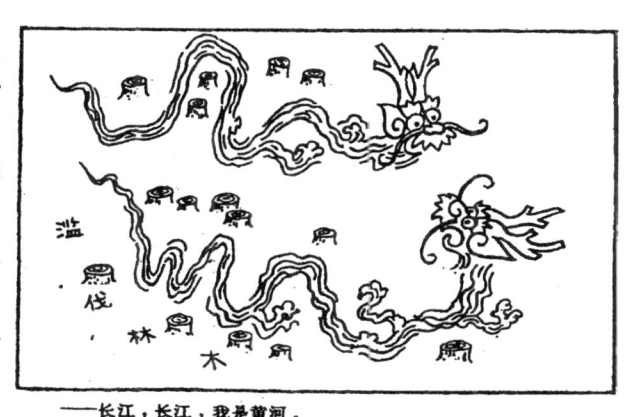

——长江，长江，我是黄河。
——黄河，黄河，我也是黄河。

陈恩龄

不久前，北京林业大学一位教授到长江上游地区考察。当看到一车车[2]粗大的原木沿着山区公路被运走的时候，他痛心极了[3]。这些粗大的原木来自长江上游的原始森林。正是这些原始森林保证了长江的水源。没有这宝贵的水源，就没有长江美丽的风景，也没有长江上繁忙的交通，更没有长江流域发达的农业⁴。今天，人们却在破坏这片宝贵的原始森林，这对长江意味着什么？

长江是世界第三大河流，也是中国第一大河流。长江流域面积几乎占中国土地面积的1/5。

自古以来⁵，长江流域气候温和，雨量充沛，物产丰富，在中国的经济发展中占有重要地位。为了保护这条"黄金水道"⁶，秦代就曾经有过保护长江流域森林的政令。东汉以后，由于人口的自然增长和战争引起的人口南迁，长江流域的人口越来越多，对森林的破坏也越来越严重。二十世纪六十年代中期以来，长江上游，特别是山区人口的增长很快，超过了下游地区人口的增长。为了满足生活的需要，或者为了赚钱，人们盲目地砍伐森林，造成水土大量流失，使长江的含沙量日益增加。由于自然环境变得越来越差，长江流域发生旱灾、水灾的次数日益频繁。许多人都在担心，长江会不会变成第二条黄河？

中国是世界上缺少林木的国家⁷。在相当长的时间里，人们对森林进行了大量砍伐。"文化大革命"结束的时候，人们发现，如果再这样砍伐下去，用不了10年，中国就不会再有原始森林了。二十世纪八十年代，中国政府开始限制砍伐森林的数量。但是，中国的林业工人目前有230万，他们的任务和工作就是伐木。可是，中国究竟还有多少树木和森林可以砍伐呢？

长江流域是中国的经济中心之一。随着经济的快速发展，污染问题也日益严重。长江两岸工厂林立[8]，其中有许多是乡镇企业[9]。许多大大小小的企业把长江当作下水道，将各种工业废水排进长江，严重地污染了长江。

长江面临的问题是十分严重的。可是，怎样才能解决这些问题呢？

生词

就	Präp	jiù	über, in Bezug auf
激烈	Ev	jīliè	heftig
争论	N (场)/VO	zhēnglùn	Debatte, diskutieren

1）他们俩进行了一场激烈的争论。
2）这个问题我不想跟你争论。

似乎	Adv	sìhū	dem Anschein nach
	他似乎没看见我。		
答案	N (个)	dá'àn	Antwort, Lösung
	我们找到了问题的答案。		
有力	Ev	yǒulì	energisch, kräftig
泥沙	N	níshā	Schlamm und Sand
林业	N	línyè	Forstwirtschaft
考察	N/VO	kǎochá	Untersuchung
	他们对周围的环境进行考察。		
粗	Ev	cū	dick (für Bäume)
原木	N (根)	yuánmù	Rohholz
	原油 Rohöl, 原料 Rohstoff		
山区	N (片)	shānqū	Bergregion
痛心	Ev	tòngxīn	schmerzhaft
	他对这里的环境污染感到痛心。		
原始森林	N (片)	yuánshǐ sēnlín	Urwald
	原始居民 Ureinwohner		
保证	VO$_{Präp}$O$_V$/N bǎozhèng		versichern, garantieren
	1) 你如果有困难，我们保证帮助你。		
	2) 他儿子向他作了保证。		
宝贵	Ev	bǎoguì	wertvoll
水源	N (处)	shuǐyuán	Wasserquelle
	来源 Herkunft		
繁忙	Ev	fánmáng	sehr beschäftigt
破坏	VO	pòhuài	zerstören, sabotieren
	许多原始森林被破坏了。		
意味着	VO	yìwèizhe	bedeuten
	考不上大学意味着什么？		
自古以来	R	zìgǔ yǐlái	seit alters her
温和	Ev	wēnhé	mild

雨量	N	yǔliàng	Niederschlagsmenge
充沛	Ev	chōngpèi	üppig, reichlich
物产	N (种)	wùchǎn	Produkte
政令	N (条)	zhènglìng	Richtlinie, Politik
自然	Ev/N	zìrán	natürlich, Natur

1）你这么说，他自然会相信你。
2）大家都有义务保护自然。

增	VO	zēng	steigern, zunehmen

1）中国的人口增长很快。
2）德国和中国增加了文化方面的交往。
3）人口增多了，负担也就增加了。

引起	VO	yǐnqǐ	verursachen

1）他不想引起别人的注意。
2）你这样做太引人注目了。

迁	V	qiān	umsiedeln

南迁 nach dem Süden umsiedeln

盲目	Ev	mángmù	blind

盲人 Blinder, 文盲 Analphabet

砍伐	VO	kǎnfá	(Bäume) fällen

砍伐森林 Bäume im Wald fällen

流失	V/N	liúshī	verloren gehen, Verlust
含沙量	N	hánshāliàng	Treibsandmenge
旱灾	N (场)	hànzāi	Dürre
日益	Adv	rìyì	immer mehr

日益减少 Tag für Tag weniger

频繁	Ev	pínfán	ständig, häufig

日益频繁 immer häufiger

任务	N (个)	rènwù	Aufgabe
迅速	Ev	xùnsù	schnell

林立	R	lín lì	dicht stehen
乡镇企业	N (个)	xiāngzhèn qǐyè	ländliche Unternehmen
下水道	N (条)	xiàshuǐdào	Abwasserkanal
	人行道 Bürgersteig		

专有名词

秦代 (公元前221 – 前206) Qíndài　　Qin-Dynastie

东汉 (公元25 – 220)　　Dōnghàn　　Östliche Han-Dynastie

语法和解释

1 „人们就长江是否会变成第二条黄河的问题进行过激烈的争论": 就 ist hier eine Präposition im Sinne von 对:

　　1) 人们就小皇帝的问题进行讨论。

　　2) 人们对小皇帝的问题进行讨论。

2 一车车: 车 ist hier ein Zählwort. Im Chinesischen kann man zur Intensivierung das Zählwort verdoppeln, wie

　　1) 一本本词典 viele Wörterbücher

　　2) 一台台电视 viele Fernseher

3 „他痛心极了": ... 极了 ist ein Ausdruck mit der Bedeutung „äußerst ...". Vor ihm steht meistens ein Eigenschaftsverb:

　　1) 我们高兴极了。

　　2) 这座山高极了。

4 In diesem Satz bewirken die parallel laufenden Konstruktionen 没有 ..., 就没有 ..., 也没有 ..., 更没有 ... eine Intensivierung:

　　没有这宝贵的水源,

　　就没有长江美丽的风景,

　　也没有长江上繁忙的交通,

　　更没有长江流域发达的农业。

5 „自古以来" ist wie 从古到今 eine Redewendung mit der Bedeutung „von alters her". Hier kann 自 nicht durch 从 ersetzt werden, auch wenn die Bedeutung der beiden Präposition ähnlich ist.

6 黄金水道 bedeutet „Goldener Wasserweg/Wasserstraße".

7 „中国是世界上缺少林木的国家": 缺少 heißt „mangeln an". Das Objekt von 缺少 kann eine konkrete oder abstrakte Bedeutung haben:
1) 中国缺少森林。(konkret)
2) 他还年轻，缺少经验。(abstrakt)

8 „长江两岸工厂林立": 林立 heißt eigentlich „aufgereiht wie Bäume". Im übertragenen Sinne bedeutet der Ausdruck „zahlreich".

9 Mit 乡镇企业 bezeichnet man die Betriebe, die von Bauern gegründet und geführt werden. Die Arbeiter solcher Betriebe verrichten bei Bedarf auch landwirtschaftliche Arbeiten.

练习

1. 课文提问 Fragen zum Text:
   (1) 人们就什么问题进行过争论？
   (2) 这场争论的答案是什么？
   (3) 北京林大的教授为什么痛心？
   (4) 原始森林对长江有什么作用？
   (5) 长江流域的森林破坏是从什么时候开始的？
   (6) 砍伐森林的后果是什么？
   (7) 中国的森林资源情况怎样？
   (8) 除了砍伐森林以外，长江流域还面临什么问题？

2. 造句 Bilden Sie Sätze:
   (1) 争论
   (2) 危险
   (3) 破坏
   (4) 意味着

- (5) 造成
- (6) 日益
- (7) 结束
- (8) 限制

3. 用中文解释 Erklären Sie die folgenden Begriffe auf Chinesisch:
- (1) 原始森林
- (2) 黄金水道
- (3) 日益增加
- (4) 乡镇企业

4. 完成句子 Vervollständigen Sie die Sätze:
- (1) 毕业以后如果找不到工作，
  就不能 ＿＿＿＿＿＿＿＿＿＿＿＿＿＿，
  也不能 ＿＿＿＿＿＿＿＿＿＿＿＿＿＿，
  更不能 ＿＿＿＿＿＿＿＿＿＿＿＿＿＿。
- (2) 有些人以为，学会了抽烟
  就可以＿＿＿＿＿＿＿＿＿＿＿＿＿＿，
  也可以＿＿＿＿＿＿＿＿＿＿＿＿＿＿，
  更可以＿＿＿＿＿＿＿＿＿＿＿＿＿＿。

5. 翻译 Übersetzen Sie ins Deutsche. Achten Sie auf 就:
- (1) 迟教授一拿到稿费就带着他的研究生去买地毯。
- (2) 不能保证长江的水源，就没有长江的美丽风景。
- (3) 孩子们从小就知道"考重点学校"有多重要了。
- (4) 别人都在扫院子，就他一个人在旁边站着。
- (5) 家长们就"孩子的压力是否太大"的问题进行了讨论。
- (6) 如果不想办法的话，长江的泥沙就会跟黄河一样多。

6. 填空 Verwenden Sie das Zählwort jeweils in verdoppelter Form 一+ZW+ZW:
   (1) 学生们坐在教室里，_____都不说话。
   (2) 百货大楼里放着_____红红绿绿的地毯。
   (3) 时间_____地过去了，他到现在还没毕业。
   (4) 随着_____的江河被污染，人们对环境的担心越来越大。

7. 翻译 Übersetzen Sie ins Chinesische:
   (1) Wenn man arbeitslos geworden ist, besteht die Gefahr, dass man alles verliert. (危险)
   (2) Er findet es sehr traurig, dass viele Kinder arbeiten, statt in die Schule zu gehen. (痛心)
   (3) Die Zerstörung des Urwaldes bereitet dieser Region große Probleme bei ihrer wirtschaftlichen Entwicklung. (造成)
   (4) Da die Universitäten überfüllt sind, beginnt die Bundesregierung, die Zahl der Studierenden einzuschränken. (限制)
   (5) Was bedeutet es für die Menschen, wenn sie wegen der Verschmutzung keine frische Luft zum Atmen haben? (意味着)
   (6) Es ist besser, sinnlose Debatten zu beenden und stattdessen wirkungsvolle Maßnahmen einzuleiten. (结束)

8. 写短文 Schreiben Sie einen kurzen Text zum folgenden Bild:

回想

陈树斌

9. 阅读课文　Lesetext:

人们的新话题(1) - 环境保护

1998年夏天，中国的长江流域发生了特大水灾，许多村庄(2)被大水淹没(3)，3000多人在水灾中失去了他们的生命。

1998年10月1日，四川省(4)宣布(5)，全省停止砍伐天然森林。

1998年11月18日，北京市政府宣布采取紧急措施(6)，控制北京的大气污染。

1998年，环境污染、环境保护已成为中国老百姓(7)越来越关心的话题。因为人们在日常的生活中看到，他们的生存(8)环境变得越来越差。过去，北京空气质量最好的是九、十月，所以人们喜欢说"秋高气爽"(9)。现在，北京的秋天也是雾蒙蒙(10)的，北京的太阳像月亮(11)。过去，四川省生长着大片大片的原始森林。现在，由于人们的盲目砍伐，森林大量减少，水土严重流失。过去，长江一般10年出现一次水灾，现在几乎每年都有水灾发生。

为了解决环保问题，一些地方也采取了一些措施。比如，北京在短短的几年里搬迁(12)了几百个污染严重的工厂，并在中国第一个推广无铅(13)汽油。虽然采取了这些措施，问题却日益严重。一个主要原因是，汽车越来越多。1986年，北京的汽车只有26万辆，1998年已增加到140万辆。这么多汽车只有少数安装了尾气净化器(14)。另一个原因是，北京仍然以烧煤(15)为主，而煤烟的污染是非常严重的。

根据北京的一项调查，近一半的市民认为，应该优先(16)保护环境，即使经济增长的速度可能变慢。这表明，中国城市居民的环保意识正在发生可喜的变化。

生词

1. 话题　　　　huàtí　　　　　　　Thema
2. 村庄　　　　cūnzhuāng　　　　　Dorf
3. 淹没　　　　yānmò　　　　　　　überschwemmen
4. 四川省　　　Sìchuān shěng　　　Provinz Sichuan
5. 宣布　　　　xuānbù　　　　　　　ankündigen
6. 紧急措施　　jǐnjí cuòshī　　　　Eilmaßnahme
7. 老百姓　　　lǎobǎixìng　　　　　Normalbürger, einfache Leute
8. 生存　　　　shēngcún　　　　　　Existenz
9. 秋高气爽　　qiū gāo qì shuǎng　schöner Herbsttag
10. 雾蒙蒙　　　wùméngméng　　　　　neblig
11. 月亮　　　　yuèliang　　　　　　Mond
12. 搬迁　　　　bānqiān　　　　　　　umziehen
13. 铅　　　　　qiān　　　　　　　　Blei
14. 尾气净化器　wěiqì jìnghuàqì　　Katalysator
15. 煤　　　　　méi　　　　　　　　Kohle
16. 优先　　　　yōuxiān　　　　　　　vorrangig

判断对错　Beurteilen Sie die folgenden Aussagen:

(1) 这篇文章主要谈的是
　　a. 中国的环保问题。
　　b. 中国的失业问题。
　　c. 中国的森林问题。
(2) 老百姓越来越关心环保问题，因为
　　a. 北京的空气很好。
　　b. 他们喜欢"秋高气爽"的天气。
　　c. 他们的生活环境越来越差。
(3) 北京市采取措施以后，
　　a. 污染的问题马上就解决了。

    b. 问题却日益严重。

    c. 问题快要解决了。

(4) 环境污染日益严重的一个主要原因是，

    a. 煤烟的污染。

    b. 几百个污染严重的工厂。

    c. 汽车越来越多。

(5) 北京不少市民认为，

    a. 保护环境比经济增长速度重要。

    b. 经济增长速度比保护环境重要。

    c. 保护环境和经济增长速度一样重要。

生词表 Vokabelverzeichnis

阿尔卑士山	Ā'ěrbēishìshān	Alpen	7
阿尔斯特湖	Ā'ěrsītèhú	Alster	7
艾滋病	Àizībìng	Aids	(17)
爱好	àihào	Vorliebe, mögen	(9), 12
安	ān	wie (Kl. Chin)	1
安家	ān jiā	sich niederlassen	19
安娜	Ānnà	Anna	18
安宁	ānníng	Ruhe, ruhig	13
安全	ānquán	sicher, Sicherheit	1
安慰	ānwèi	trösten	1
安装	ānzhuāng	installieren	(8)
按	àn	nach, aufgrund	5
岸	àn	Ufer	19
熬	áo	durchhalten, aushalten	15
芭芭拉	Bābālā	Barbara	13
巴金	Bā Jīn	Ba Jin (1904 –)	17
巴斯福	Bāsīfú	BASF	19
把握	bǎwò	beherrschen	15
白	bái	umsonst	1
白酒	báijiǔ	Schnaps	(6)
百货商店	bǎihuò shāngdiàn	Warenhaus	4
拜访	bàifǎng	besuchen	17
班	bān	ZW für 火车，飞机	16
搬迁	bānqiān	umziehen	(20)
包括	bāokuò	einschließen	(17), 19
宝贵	bǎoguì	wertvoll	20
保护	bǎohù	schützen	13
保姆	bǎomǔ	Dienstmädchen	(8), 14
保温瓶	bǎowēnpíng	Thermosflasche	14
保险箱	bǎoxiǎnxiāng	Safe	15
保证	bǎozhèng	versichern, garantieren	20

报到	bàodào	sich anmelden	4
报道	bàodào	berichten	13
报销	bàoxiāo	(Kosten) erstatten	(17)
爆炸	bàozhà	explodieren	13
倍	bèi	-fach, -fache Menge	5
背	bèi	auswendig lernen	(15)
背景	bèijǐng	Hintergrund	17
奔驰	bēnchí	rasen	3
本来	běnlái	ursprünglich, eigentlich	16
本身	běnshēn	sich selbst	3
本亚明	Běnyàmíng	Benjamin	13
逼	bī	zwingen	15
彼此	bǐcǐ	einander	16
笔	bǐ	ZW für 钱	11
笔记	bǐjì	Notizen	3
比	bǐ	sich messen an/mit	6
比例	bǐlì	Proportion, Maßstab	12
比如	bǐrú	zum Beispiel	(1), 5
比喻	bǐyù	vergleichen, Metapher	2
边境	biānjìng	Grenzgebiet	1
便	biàn	so, dann	10
变	biàn	werden, sich verwandeln in	1
变化	biànhuà	Veränderung, Wandel	10
标题	biāotí	Titel (von Zeitungsartikeln)	19
表格	biǎogé	Tabelle	(15)
表明	biǎomíng	zeigen, aufweisen	16
表示	biǎoshì	ausdrücken	1
表叔	biǎoshū	Onkel mütterlicherseits	16
表现	biǎoxiàn	Ausdruck, ausdrücken	18
表扬	biǎoyáng	loben	9
冰淇林	bīngqílín	(Speise-) Eis	14
丙	bǐng	der dritte *(ursprüngich: der dritte der zehn Himmelsstämme)*	(14)

并不	bìngbù	eigentlich nicht	5
剥夺	bōdúo	berauben	15
波恩	Bō'ēn	Bonn	(18)
玻璃	bōlí	Glas	14
博士	bóshì	Doktor(-Titel)	17
博士生	bóshìshēng	Doktorand	17
博物馆	bówùguǎn	Museum	7
部	bù	Abteilung, Ministerium	4
不安	bù'ān	beunruhigt, nervös	10
不成敬意	bù chéng jìng yì	nicht erwähnenswert	11
不得不	bùdébù	müssen	2
不断	bùduàn	ununterbrochen	(11), 17
不管 ... 还是	bùguǎn ... háishì	egal, ob ... oder	6
不过	bùguò	aber	10
不计其数	bù jì qí shù	unzählbar	19
不仅 ... (也)而且	bùjǐn ... (yě) érqiě	nicht nur, sondern auch	9
不久	bùjiǔ	kurz danach	15
不耐烦	bùnàifán	ungeduldig	(10)
不停	bùtíng	ununterbrochen	(6)
不同	bùtóng	verschieden	8
不务正业	bù wù zhèngyè	die berufliche Arbeit vernachlässigen	10
不正之风	bù zhèng zhī fēng	ungesunde Tendenzen	10
不知不觉	bù zhī bù jué	unbewusst	(19)
不值一提	bù zhí yī tí	nicht erwähnenswert	18
擦嘴	cā zuǐ	den Mund abwischen	14
采访	cǎifǎng	Interview	13
采取	cǎiqǔ	ergreifen	16
采用	cǎiyòng	verwenden	19
彩色	cǎisè	Farben	18
菜市场	càishìchǎng	Markt	(14)
餐馆	cānguǎn	Restaurant	18
残废	cánfèi	behindert	12

仓库	cāngkù	Lager	7
厕所	cèsuǒ	Toilette, WC	(8)
测验	cèyàn	Test	4
层	céng	Stockwerk	4
曾经	céngjīng	früher, einst	3
差别	chābié	Differenz	12
茶叶	cháyè	Teeblätter	7
产品	chǎnpǐn	Produkt	6
长远	chángyuǎn	weit	17
尝	cháng	probieren, kosten	(16)
场所	chǎngsuǒ	Ort	16
抄	chāo	abschreiben	10
超过	chāoguò	überholen, übertroffen	7
车厢	chēxiāng	Waggon	(19)
衬衫	chènshān	Hemd, Bluse	(3)
称呼	chēnghū	Anrede	(10)
称	chēng	bezeichen	6
成就	chéngjiù	Errungenschaft	(17)
成千上万	chéng qiān shàng wàn	unzählig	16
成熟	chéngshú	reif	(16)
成为	chéngwéi	werden	16
成语	chéngyǔ	Sprichwort, Redewendung	1
程度	chéngdù	Grad, Stufe, Niveau	12
程序	chéngxù	Programm	9
承担	chéngdān	tragen (Belastung)	13
承认	chéngrèn	anerkennen	(16)
迟教授	Chí jiàoshòu	Professor Chi	11
充沛	chōngpèi	üppig, reichlich	20
充足	chōngzú	viel, reichlich	(7)
虫	chóng	Insekt	(14)
重复	chóngfù	wiederholen	9
宠爱	chǒngài	verwöhnen	15
抽水马桶	chōushuǐ mǎtǒng	Wasserklosett	18

愁	chóu	besorgt sein, sich Sorgen machen	15
丑	chǒu	hässlich	12
出版	chūbǎn	herausgeben	11
出差	chūchāi	Dienstreise	(8)
出乎意料	chū hū yìliào	alle Erwartungen übertreffen	10
出口	chūkǒu	exportieren, Export	7
出身	chūshēn	abstammen	12
出现	chūxiàn	erscheinen, vorkommen	8
初期	chūqī	Anfangsphase	8
橱窗	chúchuāng	Schaufenster	(18)
处女作	chǔnǚzuò	Erstlingswerk	10
传来	chuánlái	herüberdringen	(11)
传说	chuánshuō	Sage	(7)
传统	chuántǒng	Tradition	3
船	chuán	Schiff	(7)
船只	chuánzhī	Schiffe	19
串	chuàn	ZW für 葡萄, 故事	17
炊事员	chuīshìyuán	Koch	11
词汇	cíhuì	Wortschatz	12
此外	cǐwài	außerdem	12
从 ... 来说	cóng lái shūo	was ... betrifft	5
从 ... 来看	cóng lái kàn	was ... betrifft	5
从头到脚	cóng tóu dào jiǎo	von Kopf bis Fuß	16
粗	cū	dick (für Bäume)	20
村庄	cūnzhuāng	Dorf	(20)
存款	cúnkuǎn	Spareinlage	6
存在	cúnzài	existieren	13
错过	cuòguò	verpassen	(7)
措施	cuòshī	Maßnahme	16
答案	dá'àn	Antwort	20
达到	dádào	erreichen	5
打的	dǎ dí	ein Taxi nehmen	(9)
打扑克	dǎ pūkè	Karten spielen	10

打字机	dǎzìjī	Schreibmaschine	9
大吃大喝	dà chī dà hē	viel essen und trinken	18
大方	dàfang	großzügig	(8)
大陆性	dàlùxìng	kontinental	5
大模大样	dà mú dà yàng	prahlerisch	2
大人	dàren	Erwachsene/r	(1), 8
大厦	dàshà	Hochhaus	(18)
大腿	dàtuǐ	Oberschenkel	1
大小	dàxiǎo	Größe	11
大型	dàxíng	groß	19
大约	dàyuē	ungefähr	4
代表性	dàibiǎoxìng	repräsentativ	13
代表作	dàibiǎozuò	Hauptwerk	17
代替	dàitì	ersetzen	9
带头	dài tóu	mit gutem Beispiel vorangehen	10
单亲	dānqīn	Elternteil	13
单身	dānshēn	Single, allein, alleinstehend	12
单位	dānwèi	Einheit	(8)
担心	dānxīn	sich sorgen um	9
蛋糕	dàngāo	Kuchen	(2)
当兵	dāng bīng	zum Militär gehen	1
当地	dāngdì	am Ort	19
当家	dāng jiā	den Haushalt führen	(13)
当中	dāngzhōng	darunter	13
到处	dàochù	überall	(9)
到底	dàodǐ	eigentlich	5
到来	dàolái	kommen	8
倒	dào	auskippen	19
倒	dào	im Gegenteil	1
稻穗	dàosuì	Reisähre	(7)
得到	dédào	bekommen	1
德意志	déyìzhì	deutsch	7
灯火辉煌	dēnghuǒ huīhuáng	von Lichtern erhellt	(18)

等	děng	Rang	12
等	děng	usw.	3
邓小平	Dèng Xiǎopíng	Deng Xiaoping (1904 – 1997)	17
迪斯科舞	dísīkēwǔ	Disco	5
抵制	dǐzhì	widersetzen	10
递	dì	reichen, geben	16
地方	dìfang	Stelle, Hinsicht, Aspekt	5
地毯	dìtǎn	Teppich	7
地铁	dìtiě	U-Bahn	7
地位	dìwèi	Stellung, Position	12
地形	dìxíng	Topografie	5
点菜	diǎn cài	Gerichte bestellen	18
典型	diǎnxíng	typisch	18
电大生	diàndàshēng	Fernstudent *(jemand, der ein Fernstudium mit Hilfe des Fernsehens absolviert)*	(2)
电器	diànqì	Elektrogerät	8
电视台	diànshìtái	Fernsehsender	(12)
电子工业	diànzǐ gōngyè	Elektroindustrie	7
电子邮件	diànzǐ yóujiàn	E-Mail	8
叼	diāo	etwas im Mund halten	(7)
调查	diàochá	Untersuchung	(1), 9
丁	dīng	der vierte *(ursprüngich: der vierte der zehn Himmelsstämme)*	(14)
丢	diū	verlieren, verschwunden	1
东汉	Dōnghàn	Östliche Han-Dynastie	20
懂得	dǒngdé	begreifen, verstehen	15
动物	dòngwù	Tier	2
读	dú	lesen, studieren	17
独生子女	dú shēng zǐnǔ	Einzelkinder	14
独一无二	dú yī wú èr	einzigartig	7
毒性	dúxìng	giftig	19
端正	duānzhèng	regelmäßig	12

端庄	duānzhuāng	würdevoll	12
短篇小说	duǎnpiān xiǎoshuō	Kurzgeschichte	10
断	duàn	brechen	1
段	duàn	ZW für 时间	12
对方	duìfāng	andere Seite, Gegner	8
对号入座	duì hào rù zuò	1) einen nummerierten Platz einnehmen, 2) etwas auf sich beziehen	10
吨	dūn	Tonne	19
顿	dùn	ZW für 打	(15)
多种多样	duō zhǒng duō yàng	verschieden	3
而	ér	aber	5
儿童	értóng	Kind	9
儿童乐园	értóng lèyuán	Kinderparadies	(2)
二锅头	èrguōtóu	Erguotou-Schnaps	17
二话没说	èr huà méi shuō	ohne Einwand	16
二类	èrlèi	zweite Klasse, zweiter Rang	15
二手	èrshǒu	Secondhand	18
发	fā	verteilen	10
发表	fābiǎo	veröffentlichen	10
发火	fā huǒ	wütend, explodieren	(4), 6
发生	fāshēng	passieren, sich ereignen	1
发誓	fā shì	schwören	(15)
法学	fǎxué	Rechtswissenschaft	3
法兰克福	Fǎlánkèfú	Frankfurt	13
法律	fǎlǜ	Gesetz	4
繁忙	fánmáng	sehr beschäftigt	20
繁荣	fánróng	gedeihen	(18)
反驳	fǎnbó	widersprechen	11
反潮流	fǎncháoliú	gegen die Strömung schimmen	(16)
反对	fǎnduì	gegen etw. sein	13
反省	fǎnxǐng	sich prüfen	(19)
反应	fǎnyìng	Reaktion	9
反正	fǎnzhèng	sowieso	18

饭店	fàndiàn	Restaurant, Hotel	7
方案	fāng'àn	Plan, Entwurf	11
方面	fāngmiàn	Seite	9
访问	fǎngwèn	besuchen	17
放弃	fàngqì	aufgeben, verzichten	17
放松	fàngsōng	sich entspannen	15
非	fēi	nicht, kein *(Kl. Chin)*	1
飞机场	fēijīchǎng	Flughafen	7
肺癌	fèi'ái	Lungenkrebs	16
费用	fèiyòng	Kosten	(13)
废油	fèiyóu	Altöl	19
分布	fēnbù	Verteilung, sich verteilen	5
分(成)	fēnchéng	einteilen	4
分工	fēn gōng	Arbeit aufteilen	(13)
分手	fēn shǒu	sich trennen	(3), 13
封	fēng	blockieren	(7)
丰富	fēngfù	reich, vielfältig	3
风景	fēngjǐng	Landschaft	4
夫妇	fūfù	Ehepaar	13
福	fú	Glück	1
服务	fúwù	Service, dienen	8
付款	fù kuǎn	zahlen	8
负担	fùdān	Last, Belastung	12
负责	fùzé	zuständig sein	17
负责人	fùzérén	Leiter	(12)
负责任	fù zérèn	Verantwortung tragen	13
妇女	fùnǚ	Frauen	(12)
富	fù	reich	3
改变	gǎibiàn	ändern, verändern	5
改革开放	gǎigé kāifàng	Reform und Öffnung	(13)
干	gān	trocken	5
敢	gǎn	wagen, etwas zu tun	2
感动	gǎndòng	bewegt	(19)

感受	gǎnshòu	fühlen	(19)
干部	gànbù	Funktionär	10
赶上	gǎnshàng	(Flugzeug, Zug) erreichen	16
刚好	gānghǎo	zufällig	2
钢琴	gāngqín	Klavier	14
钢铁	gāngtiě	Eisen und Stahl	(12), 14
港口	gǎngkǒu	Hafen	7
高低	gāodī	Höhe	12
高级	gāojí	hochwertig, Oberstufe	14
高考	gāokǎo	Aufnahmeprüfung der Hochschule	15
高速公路	gāosù gōnglù	Autobahn	7
高原	gāoyuán	Hochland	5
稿费	gǎofèi	Honorar	11
歌剧院	gējùyuàn	Opernhaus	7
格林	Gélín	Brüder Grimm	7
革命	gémìng	Revolution	8
个体户	gètǐhù	Privatunternehmer	12
个性	gèxìng	Charakter	(16)
各	gè	jeder	(5)
各地	gèdì	überall	(6)
各行各业	gè háng gè yè	alle Branchen	8
各种各样	gè zhǒng gè yàng	verschieden	9
跟	gēn	folgen	2
跟 ... 相比	gēn ... xiāngbǐ	im Vergleich mit	7
根据	gēnjù	aufgrund	4
工程师	gōngchéngshī	Ingenieur	(15), 18
工夫	gōngfu	Zeit (Umgangssprache)	15
工具	gōngjù	Werkzeug	9
工作人员	gōngzuò rényuán	Mitarbeiter	(8)
公用	gōngyòng	öffentlich	18
公寓	gōngyù	Apartmenthaus	4
公主	gōngzhǔ	Prinzessin	7

功课	gōngkè	Hausaufgabe	15
购物	gòuwù	kaufen, einkaufen	8
购物袋	gòuwùdài	Einkaufstasche	18
估计	gūjì	einschätzen	8
孤独	gūdú	einsam	13
骨	gǔ	Knochen	1
股	gǔ	ZW für 味儿	(16)
古迹	gǔjì	historische Sehenswürdigkeiten	4
鼓励	gǔlì	ermutigen	9
鼓楼	Gǔlóu	Trommelturm	4
固定	gùdìng	fest	12
顾问	gùwèn	Berater	17
关键	guānjiàn	Angelpunkt	14
关心	guānxīn	sich kümmern um	13
观点	guāndiǎn	Ansicht	13
观念	guānniàn	Vorstellung	13
管	guǎn	zuständig sein	(4)
管理	guǎnlǐ	verwalten	14
管理人员	guǎnlǐ rényuán	Manager	17
管理员	guǎnlǐyuán	Hausmeister	18
管用	guǎnyòng	nützlich sein	11
惯	guàn	gewöhnt	(10)
光棍汉	guānggùnhàn	Junggeselle	(12)
光学	guāngxué	Optik	7
广播	guǎngbō	Rundfunk	(5)
广告	guǎnggào	Werbung	12
广阔	guǎngkuò	breit	(18)
逛	guàng	bummeln, besuchen	(5)
贵重	guìzhòng	teuer	11
国际	guójì	international	4
国际互联网	guójì hùliánwǎng	Internet	8
果酒	guǒjiǔ	Obstwein	(6)
果皮	guǒpí	Fruchtschale	(19)

过程	guòchéng	Prozess; Verlauf	9
过滤嘴	guòlǜzuǐ	Filter (auch als Abkürzung für 过滤嘴香烟)	10
过去	guòqù	Vergangenheit	(6)
过时	guòshí	überholt	13
海南岛	Hǎinándǎo	Insel Hainan; Provinz Hainan	5
海洋性	hǎiyángxìng	ozeanisch	5
害怕	hàipà	Angst vor etw. haben	2
含沙量	hánshāliàng	Treibsandmenge	20
含有	hányǒu	enthalten	16
喊	hǎn	rufen, schreien	11
汉族	hànzú	Han-Nationalität	5
旱灾	hànzāi	Dürre	20
航行	hángxíng	(mit dem Schiff) fahren	19
毫无顾虑	háo wú gùlǜ	ohne jegliche Rücksicht	19
好处	hǎochù	Vorteil	16
好事	hǎoshì	gute Sache	1
荷尔德林	Hé'ěrdélín	F. Hölderlin (1770 – 1843)	3
喝	hè	schreien	2
嘿	hēi	He! Hallo!	2
黑格尔	Hēigé'ěr	G.W.F. Hegel (1770 – 1831)	3
黑龙江	Hēilóngjiāng	1) Heilong-Fluss, 2) Provinz	5
恨	hèn	hassen	(15)
哼	hēng	hm	2
红娘	Hóngniáng	Heiratsvermittler (*ursprünglich eine Figur aus* „西厢记")	(12)
红旗	hóngqí	rote Fahne	(15)
洪堡大学	Hóngbǎo dàxué	Humboldt-Universität	17
后悔	hòuhuǐ	bereuen	(3)
呼噜	hūlu	schnarchen	(11)
呼吸	hūxī	atmen	19
狐狸	húli	Fuchs	2

胡同	hútòng	Gassen in Beijing mit traditioneller Bebauung	15
虎	hǔ	Tiger	2
护照	hùzhào	Pass	4
化学品	huàxuépǐn	Chemieprodukt	19
画架	huàjià	(Mal-)Staffelei	15
话题	huàtí	Thema	(20)
坏事	huàishì	schlechte Sache	1
欢乐	huānlè	fröhlich	15
环境	huánjìng	Umwelt	7
缓和	huǎnhé	entspannen	10
换	huàn	tauschen	(4)
患有	huànyǒu	erkrankt sein, leiden an	13
黄瓜	huángguā	Gurke	(18)
皇帝	huángdì	Kaiser	14
恢复	huīfù	sich erholen	19
回	huí	ZW für 事, 事情	10
会议室	huìyìshì	Sitzungssaal	(16)
婚姻	hūnyīn	Ehe	12
伙伴	huǒbàn	Partner	17
几乎	jīhū	fast	6
机构	jīgòu	Institution	6
机器	jīqì	Maschine	9
基本	jīběn	grundlegend	12
基本法	jīběnfǎ	Grundgesetz	13
激动	jīdòng	aufgeregt	17
激烈	jīliè	heftig	20
极	jí	äußerst	9
极其	jíqí	äußerst	12
即将	jíjiāng	bald	8
急中生智	jí zhōng shēng zhì	Not macht erfinderisch	16
集装箱	jízhuāngxiāng	Container	7
疾病	jíbìng	Krankheit	16

挤	jǐ	sich drängen	15
记得	jìdé	sich erinnern	18
记者	jìzhě	Journalist	17
计划	jìhuà	planen	17
计划生育	jìhuà shēngyù	Geburtenplanung	14
计算	jìsuàn	rechnen	5
技术	jìshù	Technik, Technologie	7
技能	jìnéng	Können, Fähigkeit	(14)
既 ... 又	jì ... yòu	sowohl ... als auch	7
加	jiā	addieren	(1)
加快	jiākuài	beschleunigen	8
加以	jiāyǐ	machen (*Funktionsverb*)	12
家具	jiājù	Möbel	18
家务	jiāwù	Haushalt, häusliche Angelegenheiten	13
家长	jiāzhǎng	Eltern	14
甲	jiǎ	der erste (*ursprüngich: der erste der zehn Himmelsstämme*)	(14)
假	jiǎ	leihen	2
减价	jiǎn jià	den Preis reduzieren	(18)
减少	jiǎnshǎo	reduzieren	8
见多识广	jiàn duō shí guǎng	gut unterrichtet und erfahren	(13)
见识	jiànshi	Erlebnis	18
建立	jiànlì	gründen	3
建议	jiànyì	vorschlagen	(4)
建筑	jiànzhù	Bauwerk	7
键盘	jiànpán	Tastatur	(8), 9
将	jiāng	*Präposition (zur Markierung des vorangestellten Objektes)*	12
将近	jiāngjìn	ungefähr, fast	3
将来	jiānglái	Zukunft	17
江苏省	Jiāngsū shěng	Provinz Jiangsu	4
讲座	jiǎngzuò	Vorlesung	3

交际	jiāojì	Kommunikation	9
交款	jiāo kuǎn	(Geld) zahlen	11
交流	jiāoliú	austauschen	9
交朋友	jiāo péngyou	Freundschaft schließen	4
交通	jiāotōng	Verkehr	7
交往	jiāowǎng	verkehren, umgehen	4
骄傲	jiāo'ào	hochmütig, arrogant	6
娇惯	jiāoguàn	verwöhnen	14
郊区	jiāoqū	Vorort	6
教材	jiàocái	Lehrmaterial	(17)
教堂	jiàotáng	Kirche	7
教学	jiàoxué	Unterricht	9
街	jiē	Straße	4
街道	jiēdào	Straße	6
接	jiē	annehmen, etw. auffangen	11
接触	jiēchù	Kontakte haben	8
接待	jiēdài	empfangen	17
接受	jiēshòu	akzeptieren	13
阶段	jiēduàn	Etappe, Phase	8
结果	jiéguǒ	Ergebnis	(5)
结合	jiéhé	verbinden	9
节省	jiéshěng	sparsam	(3)
解放	jiěfàng	Befreiung	15
解决	jiějué	lösen	13
解释	jiěshì	erläutern	10
介绍所	jièshàosuǒ	Vermittlungsbüro	12
戒	jiè	sich abgewöhnen	(16)
今后	jīnhòu	später	10
紧急措施	jǐnjí cuòshī	Eilmaßnahme	(20)
紧紧	jǐnjǐn	dicht, fest, eng	2
紧张	jǐnzhāng	angespannt, nervös, spannend	3
进口	jìnkǒu	importieren, Import	7
尽早	jìnzǎo	möglichst früh	8

禁止	jìnzhǐ	verbieten	16
经验	jīngyàn	Erfahrung	9
精明	jīngmíng	raffiniert, schlau	6
惊奇	jīngqí	erstaunt	18
景象	jǐngxiàn	Bild	(18)
警卫员	jǐngwèiyuán	Leibwächter	14
净化	jìnghuà	reinigen	19
敬烟	jìng yān	Zigaretten anbieten	16
竞争	jìngzhēng	Konkurrenz	15
镜子	jìngzi	Spiegel	7
究竟	jiūjìng	eigentlich, doch	6
救	jiù	retten	19
就	jiù	über, in Bezug auf *(Präposition)*	20
就是 ... 也	jiùshì ... yě	auch wenn	11
居住	jūzhù	wohnen	4
巨大	jùdà	riesig	7
拒绝	jùjué	ablehnen, zurückweisen	16
俱乐部	jùlèbù	Klub	17
具有	jùyǒu	besitzen	3
剧院	jùyuàn	Theater	2
绝	jué	absolut	13
决定	juédìng	entscheiden	10
决心	juéxīn	sich entschließen	(12)
开办	kāibàn	veranstalten	(12)
开刀	kāi dāo	operieren	(8)
开后门	kāi hòumén	die Hintertür nutzen, Beziehungen nutzen	10
开玩笑	kāi wánxiào	einen Scherz machen	(7)
侃大山	kǎn dàshān	viel reden	6
砍伐	kǎnfá	(Bäume) fällen	20
看不起	kànbùqǐ	gering schätzen, verachten	6
看戏	kàn xì	ins Theater gehen	(5)
看做	kànzuò	betrachten als	18

看中	kànzhòng	sich für jn. entscheiden	(12)
慷慨大方	kāngkǎi dàfāng	sehr großzügig	14
考察	kǎochá	Untersuchung	20
考虑	kǎolǜ	überlegen	9
考生	kǎoshēng	Prüfling, Prüfungskandidat	15
靠	kào	sich stützen	11
颗	kē	ZW für 心	17
科	kē	Abteilung	(17)
科隆	Kēlóng	Köln	17
科研	kēyán	Forschung	6
可可	Kěkě	Keke (*Personenname*)	(2)
可怜	kělián	bemitleiden	(14), 15
克服	kèfú	überwinden	13
课本	kèběn	Lehrbuch	(4), 14
空气	kōngqì	Luft	16
空调	kōngtiáo	Klimaanlage	(9)
孔夫子	Kǒngfūzǐ	Konfuzius	12
控制	kòngzhì	kontrollieren	14
口号	kǒuhào	Parole, Motto, Slogan	18
口气	kǒuqì	Ton, Tonart	2
口头禅	kǒutóuchán	Lieblingswort	18
哭	kū	weinen	(14)
苦	kǔ	bitter	6
夸大	kuādà	übertreiben	8
昆明	Kūnmíng	Kunming	(19)
拉	lā	ziehen	1
垃圾	lājī	Abfall	(19)
莱茵河	Láiyīnhé	Rhein	19
浪费	làngfèi	verschwenden	18
老百姓	lǎobǎixìng	Normalbürger, einfache Leute	(20)
老牌子	lǎopáizi	berühmte Marke	(6)
老伴	lǎobàn	alte Ehepartner	11
老婆	lǎopó	Ehefrau	(9)

老实	lǎoshí	aufrichtig	(12)
老头子	lǎotóuzi	alter Mensch, Alte/r	11
乐园	lèyuán	Paradies	(19)
冷淡	lěngdàn	kühl, teilnahmslos	6
冷笑	lěngxiào	grinsen, sarkastisch, kühl lachen	2
愣	lèng	verwirrt	(10)
离不开	líbùkāi	sich nicht trennen können	6
离婚	lí hūn	sich scheiden lassen	13
理解	lǐjiě	verstehen	17
理想	lǐxiǎng	Ideal, ideal	(11)
利用	lìyòng	nutzen	10
厉害	lìhài	schonungslos	(11)
例如	lìrú	als Beispiel nehmen	19
例子	lìzi	Beispiel	(1), 16
连	lián	verbinden	1
连	lián	sogar, selbst	15
联邦	liánbāng	Bund	17
良	liáng	gut	14
聊天	liáotiān	plaudern	3
林立	línlì	wie ein Wald stehen	20
林业	línyè	Forstwirtschaft	20
零下	língxià	unter Null	5
零头	língtóu	Rest	6
领导	lǐngdǎo	Leiter, Vorgesetzte/r	10
领事馆	lǐngshìguǎn	Konsulat	7
令人感动	lìng rén gǎn dòng	bewegend	17
令人羡慕	lìng rén xiànmù	beneidenswert	18
流失	liúshī	verlieren	20
楼梯	lóutī	Treppe	11
鲁迅	Lǔ Xùn	Lu Xun (1881 – 1936)	17
录取	lùqǔ	aufnehmen, zulassen	4
录像机	lùxiàngjī	Videorecorder	9
旅游业	lǚyóuyè	Tourismus	7

论文	lùnwén	Abhandlung, Aufsatz	9
落	luò	fallen	15
嘛	ma	*modale Satzpartikel*	10
码头	mǎtóu	Kai	7
埋怨	mányuàn	sich beschweren, murren	11
满足	mǎnzú	befriedigen	16
盲目	mángmù	blind	20
矛盾	máodùn	Widerspruch	6
毛泽东	Máo Zédōng	Mao Zedong (1893 – 1976)	17
贸易	màoyì	Handel	17
煤	méi	Kohle	(20)
美丽	měilì	schön	7
美食家	měishíjiā	Feinschmecker	(7)
美元	Měiyuán	US-Dollar	(18)
门	mén	ZW für 课	(4)
梦想	mèngxiǎng	Traum, träumen	9
米饭	mǐfàn	gekochter Reis	5
密切	mìqiè	sehr eng	12
面对	miànduì	gegenüberstehen	19
面临	miànlín	bevorstehen, entgegensehen	15
面条	miàntiáo	Nudeln	(3), 5
民歌	míngē	Volkslied	19
名词	míngcí	Nomen, Substantiv	8
名次	míngcì	Rang, Platz	15
命令	mìnglìng	befehlen	9
命运	mìngyùn	Schicksal	15
明明	míngmíng	offensichtlich, klar	16
某	mǒu	ein/e gewisse/r, sowieso	15
目标	mùbiāo	Ziel	(15)
目前	mùqián	gegenwärtig	3
牧场	mùchǎng	Weide, Koppel	(18)
耐心	nàixīn	geduldig	9
奈卡河	Nàikǎhé	Neckar	3

难道	nándào	ist es wirklich so ...?	10
难闻	nánwén	übelriechend	(16)
内	nèi	innen, innerhalb	7
能力	nénglì	Fähigkeit	11
能说会道	néng shuō huì dào	eine gewandte Zunge haben, redegewandt sein	(12)
嗯	ng	hm	10
尼古丁	nígǔdīng	Nikotin	16
泥沙	níshā	Treibsand	20
年	Nián	*Personenname*	(11)
年龄	niánlíng	Alter	12
念书	niàn shū	1) zur Schule gehen, 2) Bücher lesen	15
纽约	Niǔyuē	New York	7
浓厚	nónghòu	dicht, stark	3
农药	nóngyào	Pestizid	19
农作物	nóngzuòwù	landwirtschaftliche Produkte	5
女权主义	nǚquán zhǔyì	Feminismus	13
爬	pá	kriechen	(14)
拍手	pāi shǒu	in die Hände klatschen	11
排队	pái duì	Schlange stehen	3
排水	pái shuǐ	Wasser ableiten	19
派	pài	schicken, entsenden	2
攀比	pānbǐ	sich messen an, vergleichen	18
盘子	pánzi	Teller	18
螃蟹	pángxiè	Krebs	(14)
陪同	péitóng	begleiten	17
培养	péiyǎng	ausbilden	4
配合	pèihé	Koordination	9
碰	pèng	auf etwas stoßen	(14)
碰钉子	pèng dīngzi	einen Korb bekommen	16
碰撞	pèngzhuàng	stoßen, anstoßen	6
批	pī	ZW für Menge und Gruppen	19

皮球	píqiú	Ball	(6)
皮鞋	píxié	Lederschuhe	(18)
匹	pǐ	ZW für 马	1
频繁	pínfán	ständig, häufig	20
乒乓球	pīngpāngqiú	Tischtennis	(15)
平等	píngděng	gleichberechtigt	(13)
平均	píngjūn	Durchschnitt	5
评价	píngjià	bewerten, urteilen	6
破坏	pòhuài	sabotieren, zerstören	(18), 20
破灭	pòmiè	zerstört	(15)
扑	pū	stürzen	2
扑克	pūkè	Spielkarten, Poker	10
铺	pū	(Teppich) auslegen	11
葡萄	pútáo	Weintrauben	19
葡萄酒	pútáojiǔ	Wein	(6)
普遍	pǔbiàn	üblich	12
欺负	qīfù	schikanieren	2
其中	qízhōng	darunter	7
起火	qǐ huǒ	ein Brand ausbrechen	19
企业	qǐyè	Betrieb	3
气氛	qìfēn	Atmosphäre	3
气体	qìtǐ	Gas	16
迁	qiān	umsiedeln	20
铅	qiān	Blei	(20)
铅笔盒	qiānbǐhé	Federkästchen	14
前途	qiántú	Zukunft	14
亲戚	qīnqi	Verwandte/r	16
秦代	Qíndài	Qin-Dynastie	20
勤俭节约	qínjiǎn jiéyuē	sparsam	18
勤劳	qínláo	fleißig	(19)
青年人	qīngniánrén	junge Leute	(5)
轻视	qīngshì	verachten	14
轻松	qīngsōng	entspannen	(13), 15

倾向	qīngxiàng	Tendenz, Trend	13
清秀	qīngxiù	zierlich	12
情不自禁	qíng bù zì jìn	außer sich, spontan	15
情节	qíngjié	Handlung	10
情书	qíngshū	Liebesbrief	(11)
庆祝	qìngzhù	feiern	7
秋高气爽	qiū gāo qì shuǎng	schöner Herbsttag	(20)
区县	qūxiàn	Bezirke und Kreise	(12)
趋势	qūshì	Tendenz	19
去掉	qùdiào	beseitigen	19
去世	qùshì	sterben	11
缺	quē	fehlen	18
缺乏	quēfá	mangeln an	11
确实	quèshí	wirklich	5
饶	ráo	begnadigen	2
惹祸	rě huò	Unheil stiften	1
热	rè	Boom	(17)
热闹	rènào	lebhaft	14
热情	rèqíng	Herzlichkeit	(6)
人类	rénlèi	Menschheit	8
人山人海	rén shān rén hǎi	voll von Menschen	3
人头马	Réntóumǎ	Remy Martin	(6)
忍	rěn	aushalten, dulden	15
认出来	rèn chūlái	erkennen, herausfinden	6
任务	rènwù	Aufgabe	20
扔	rēng	wegwerfen	(19)
仍然	réngrán	immer noch	1
日常	rìcháng	alltäglich	9
日记	rìjì	Tagebuch	(2)
日新月异	rì xīn yuè yì	sich Tag für Tag verändern	8
日益	rìyì	Tag für Tag	20
日子	rìzi	Tag	7
容貌	róngmào	Aussehen	12

肉饼	ròubǐng	Fleischfladen	14
入口	rùkǒu	Eingang	(7)
入迷	rùmí	besessen von	(9)
软件	ruǎnjiàn	Software	9
塞	sāi	hineinzwängen	14
塞翁	Sài Wēng	alter Mann, der im Grenzgebiet lebt	1
三轮车	sānlúnchē	Dreirad	11
三鲜面	sānxiānmiàn	Nudeln mit drei Delikatessen	(3)
森林	sēnlín	Wald	19
杀虫剂	shāchóngjì	Schädlingsbekämpfungsmittel	19
杀手	shāshǒu	Mörder	16
晒太阳	shài tàiyang	sich sonnen	3
山度士	Shāndùshì	Sandoz	19
山坡	shānpō	Berghang	19
山区	shānqū	Bergregion	20
伤面子	shāng miànzi	(jmds. Gefühle) verletzen	10
商量	shāngliang	besprechen	(3)
商场	shāngchǎng	Warenhaus	18
上升	shàngshēng	steigen	(13)
上网	shàng wǎng	im Netz sein	(9)
上游	shàngyóu	Oberlauf	19
上涨	shàngzhǎng	steigen	(13)
烧	shāo	brennen, kochen	19
少数民族	shǎoshù mínzú	nationale Minderheiten	5
少林寺	Shàolínsì	Kloster Shaolin	17
少年队	shàoniánduì	Jugendmannschaft	(15)
设备	shèbèi	technische Anlage	19
设立	shèlì	errichten, einrichten	17
社会风气	shèhuì fēngqì	gesellschaftliche Moral	16
摄影	shèyǐng	fotografieren	14
深	shēn	tief	6
伸	shēn	strecken, ausstrecken	(10), 16

身高	shēngāo	Körpergröße	12
神经	shénjīng	Nerven	15
生存	shēngcún	Existenz	(20)
生动有趣	shēngdòng yǒuqù	lebhaft und interessant	9
生态	shēngtài	Ökologie, Umwelt	19
生育	shēngyù	Geburt	13
省	shěng	sparen	18
省吃俭用	shěngchī jiǎnyòng	sparsam	18
剩菜	shèngcài	Speisereste	18
剩下	shèngxià	übrig bleiben	(3)
圣诞节	Shèngdànjié	Weihnachten	9
圣保利	Shèngbǎolì	St. Pauli	7
圣母教堂	Shèngmǔ Jiàotáng	Frauenkirche	7
失	shī	verlieren	1
失业	shī yè	Arbeit verlieren	13
十分	shífēn	sehr	3
时代	shídài	Zeitalter	8
时髦	shímáo	modern	(6)
实事求是	shí shì qiú shì	die Wahrheit in den Tatsachen suchen	10
实现	shíxiàn	verwirklichen	17
实行	shíxíng	durchführen	14
使劲	shǐjìn	seine Kräfte anspannen	11
使用	shǐyòng	gebrauchen, verwenden	8
是否	shìfǒu	ob	16
适合	shìhé	passen	5
适应	shìyìng	sich anpassen	8
事迹	shìjì	Heldentat	10
势力	shìlì	Kraft	2
收	shōu	erhalten, kassieren	3
收获	shōuhuò	Erfolg, Erfolg haben, ernten	9
收入	shōurù	Einkommen	12
手段	shǒuduàn	Mittel, Methode	16

手风琴	shǒufēngqín	Ziehharmonika	14
首	shǒu	ZW für 歌	19
首府	shǒufǔ	Landeshauptstadt	7
受	shòu	empfangen, leiden	3
受聘	shòu pìng	angestellt werden	17
售票厅	shòupiàotīng	Schalterhalle	16
兽王	shòuwáng	König der wilden Tiere	2
蔬菜	shūcài	Gemüse	(18)
书记	shūji	Parteisekretär	(10)
书刊	shūkān	Bücher und Zeitschriften	(1)
熟悉	shúxì	vertraut	9
鼠标	shǔbiāo	Computermaus	(9)
属于	shǔyú	gehören zu, zählen zu	9
数不清	shǔbùqīng	unzählbar	6
数学题	shùxuétí	Mathematikaufgabe	9
摔	shuāi	stürzen, fallen	1
水稻	shuǐdào	Wasserreis	5
水源	shuǐyuán	Wasserquelle	20
税	shuì	Steuer	6
说	shuō	kritisieren	10
说法	shuōfǎ	Aussage, Redeweise	12
说明	shuōmíng	zeigen, erklären	1
硕士	shuòshì	Magister	17
司机	sījī	Chauffeur	14
四川省	Sìchuān shěng	Provinz Sichuan	(20)
四季	sìjì	die vier Jahreszeiten	(7)
四通八达	sì tōng bā dá	in alle Richtungen führen	(18)
似乎	sìhū	dem Anschein nach	20
送行	sòngxíng	Abschied nehmen	17
俗话	súhuà	Redensart	16
速度	sùdù	Tempo	8
诉说	sùshuō	sich beschweren	15
算	suàn	gelten, rechnen	1

算术	suànshù	Mathematik	(15)
算帐	suàn zhàng	die Rechnung ausstellen	(9)
随时	suíshí	jede Zeit	8
随着	suízhe	mit, infolge	5
所	suǒ	*Passiv-Partikel*	16
所有	suǒyǒu	besitzen	5
抬	tái	tragen	11
态度	tàidù	Haltung, Einstellung	10
太极拳	tàijíquán	Taiji, Schattenboxen	5
谈小兰	Tán Xiǎolán	Tan Xiaolan (*Personenname*)	(11)
堂	táng	ZW für 课	(2)
唐人街	Tángrénjiē	Chinatown	(17)
躺	tǎng	liegen	(9)
掏	tāo	herausnehmen	10
讨论课	tǎolùnkè	Seminar (Unterrichtsform)	3
逃跑	táopǎo	fliehen	2
特长	tècháng	Stärke, Spezialgebiet	15
特殊	tèshū	besonders, eigenartig	6
特征	tèzhēng	Merkmal	19
提供	tígōng	liefern	3
提醒	tíxǐng	jn. an etw. erinnern	18
天帝	tiāndì	Herrscher des Himmers	2
天花板	tiānhuābǎn	(Zimmer-)Decke	11
天书	tiānshū	Buch mit sieben Siegeln	8
天下	tiānxià	Welt	15
填鸭	tiányā	gemästete Ente	14
挑选	tiāoxuǎn	wählen	7
条件	tiáojiàn	Bedingung	2
跳蚤市场	tiànzao shìchǎng	Flohmarkt	(18)
贴	tiē	kleben	(15)
通过	tōngguò	mittels, dank; hiter sich bringen	12
通知	tōngzhī	mitteilen, Mitteilung	(2)
通知书	tōngzhīshū	Mitteilungsschreiben	4

同居	tóngjū	zusammenleben	13
同时	tóngshí	zur gleichen Zeit	11
童话	tónghuà	Märchen	7
统计	tǒngjì	Statistik, eine Statistik erstellen	13
统一	tǒngyī	Vereinigung	(18)
痛苦	tòngkǔ	schmerzhaft	15
痛心	tòngxīn	schmerzhaft	20
投资	tóu zī	(Kapital) investieren	14
突出	tūchū	auffallend	13
图宾根	Túbīngēn	Tübingen	3
土地	tǔdì	Erde, Boden	5
吐痰	tǔ tán	spucken	(19)
推	tuī	drücken, schieben	(10)
推广	tuīguǎng	verbreiten	(17)
退	tuì	zurücktreten	(10)
托儿所	tuōérsuǒ	Kindertagesstätte	(13)
脱离	tuōlí	sich trennen von	9
娃娃	wáwa	Puppe	(14)
外地人	wàidìrén	Ortsfremder	6
外快	wàikuài	Extraeinnahme	11
外貌	wàimào	äußere Erscheinung	6
王蒙	Wáng Méng	Wang Meng (1934 –)	17
往往	wǎngwǎng	sehr oft	3
望	wàng	blicken, betrachten	11
望子成龙	wàng zǐ chéng lóng	hoffen, dass die Kinder Karriere machen werden	14
威	wēi	Macht, Stärke	2
危害	wēihài	gefährden	16
围	wéi	umgeben	10
维生素	wéishēngsù	Vitamine	14
尾气净化器	wěiqì jìnghuàqì	Katalysator	(20)
未	wèi	ohne, nicht	13
未来	wèilái	Zukunft	15

位	wèi	Platz	12
位于	wèiyú	sich befinden	3
味儿	wèir	Geruch	(16)
温度	wēndù	Temperatur	5
温和	wēnhé	mild	20
文化	wénhuà	Kultur, Bildung	(5), 6
文化大革命	Wénhuà dàgémìng	Kulturrevolution (1966 – 1976)	11
文明	wénmíng	Kultur, Zivilisation	6
文件	wénjiàn	Dokument	(10)
文天	Wéntiān	Wentian (*Personenname*)	(2)
蚊子	wénzi	Moskito	(16)
污染	wūrǎn	Verschmutzung	13
无	wú	ohne, nicht	12
无法	wúfǎ	keine Möglichkeit haben	19
无霜期	wúshuāngqī	frostfreie Periode	5
吴	Wú	Wu (chin. Familienname)	(10)
五官	wǔguān	Gesichtszüge	12
武术	wǔshù	Kampfkunst, Kampfkünste	17
误会	wùhuì	Missverständnis	10
物产	wùchǎn	Produkte	20
物价	wùjià	Warenpreis	(13)
物质	wùzhì	Materie, Stoff	16
雾蒙蒙	wùméngméng	neblig	(20)
稀饭	xīfàn	Reisbrei	14
稀客	xīkè	seltener Gast	11
西门子	Xīménzǐ	Siemens	17
西苑	Xīyuàn	*Ortsname*	4
吸引	xīyǐn	anziehen, locken	7
牺牲品	xīshēngpǐn	Opfer	16
习题	xítí	Übungsaufgabe	15
喜人	xǐrén	erfreulich	17
洗手间	xǐshǒujiān	Toilette	18
洗碗	xǐ wǎn	Geschirr abwaschen	(8)

洗衣房	xǐyīfáng	Waschraum	4
系统	xìtǒng	systematisch	(17)
虾	xiā	Krabbe	(14)
吓	xià	abschrecken	2
下水道	xiàshuǐdào	Abwasserkanal	20
仙	xiān	göttlich, unsterblich	(7)
鲜	xiān	frisch	(7)
先进	xiānjìn	fortschrittlich	7
现实	xiànshí	Realität	9
现代	xiàndài	gegenwärtig	(1)
现代化	xiàndàihuà	modern, Modernisierung	7
现象	xiànxiàng	Erscheinung, Phänomen	9
羡慕	xiànmù	beneiden	(15)
限制	xiànzhì	einschränken	16
相差	xiāngchà	sich unterscheiden	5
相处	xiāngchǔ	miteinander umgehen	13
相当	xiāngdāng	ziemlich	8
相当于	xiāngdāngyú	entsprechen, gleichstellen	5
相距	xiāngjù	entfert sein	5
相同	xiāngtóng	identisch	5
乡下人	xiāngxiàrén	Dörfler	6
乡镇企业	xiāngzhèn qǐyè	ländliche Unternehmen	20
响	xiǎng	ertönen	11
享受	xiǎngshòu	genießen	13
想方设法	xiǎng fāng shè fǎ	mit allen Mitteln versuchen	14
想象	xiǎngxiàng	sich vorstellen	13
项	xiàng	ZW für 调查	13
象征	xiàngzhēng	symbolisieren	
消费	xiāofèi	Konsum	(16)
消极	xiāojí	negativ, passiv	9
消亡	xiāowáng	untergehen, verschwinden	13
消息	xiāoxi	Nachrichten, Information	8
小吃店	xiǎochīdiàn	Imbiss	(3)

小麦	xiǎomài	Weizen	5
小人	xiǎorén	gemeiner Kerl	(1)
小提琴	xiǎotíqín	Violine	14
小组	xiǎozǔ	Gruppe	13
心满意足	xīn mǎn yì zú	hoch zufrieden sein	11
心意	xīnyì	Entgegenkommen	11
辛苦	xīnkǔ	hart, anstrengend	15
新闻局	xīnwénjú	Presseamt	17
信任	xìnrèn	Vertrauen	(6)
信息	xìnxī	Information, Daten	8
行李	xíngli	Gepäck	18
形式	xíngshì	Form, Art und Weise	17
形成	xíngchéng	bilden, sich ereignen	(19)
醒	xǐng	wach werden, erwachen	(9)
性别	xìngbié	Geschlecht	12
性格	xìnggé	Mentalität	(6), 12
幸福	xìngfú	Glück	(11)
幸运	xìngyùn	Glück haben	(4)
秀丽	xiùlì	schön, hübsch	4
虚构	xūgòu	erfinden	10
叙述	xùshù	erzählen, beschreiben	17
宣布	xuānbù	ankündigen	(20)
宣告	xuāngào	ankündigen	8
选	xuǎn	wählen	(4)
选择	xuǎnzé	auswählen	17
学年	xuénián	Studienjahr	4
学术	xuéshù	Wissenschaft	11
学位	xuéwèi	akademischer Grad	17
学院	xuéyuàn	Fachbereich, Institut	4
迅速	xùnsù	schnell	20
呀	yā	*modale Satzpartikel*	10
压力	yālì	Druck, Stress, Belastung	15
压迫	yāpò	unterdrücken	15

牙	yá	Zahn	14
淹没	yānmò	überschwemmen	(20)
延长	yáncháng	verlängern	(4)
沿海地区	yánhǎi dìqū	Küstenregion	5
研究/研究研究	yánjiū/yánjiū yánjiū	erforschen/mal schau'n	(4)
研究生	yánjiūshēng	Magister- oder Doktorkandidat	11
严肃	yánsù	ernst	10
严重	yánzhòng	ernst, schlimm	19
眼光	yǎnguāng	Sicht	17
养老	yǎng lǎo	alte Menschen versorgen	13
要求	yāoqiú	verlangen, fordern	(4), 8
咬	yǎo	stechen	(16)
要人	yàorén	wichtige Persönlichkeit	17
也许	yěxǔ	vielleicht	1
野兽	yěshòu	Wildtier	2
野羊	yěyáng	Wildziege	2
野猪	yězhū	Wildschwein	2
业余	yèyú	nebenberuflich	(5), 12
一半	yībàn	die Hälfte	9
一串	yīchuàn	eine Reihe	17
一代	yīdài	eine Generation	18
一旦	yīdàn	falls	12
一流	yīliú	erstklassig	7
一直	yīzhí	stets, immer	6
衣袋	yīdài	Tasche	10
依靠	yīkào	abhängig sein	13
伊萨河	Yīsà hé	Isar	7
医学家	yīxuéjiā	Mediziner	16
遗传	yíchuán	erblich	19
乙	yǐ	der zweite *(ursprünglich: der zweite der zehn Himmelsstämme)*	(14)
以及	yǐjí	sowie, und	17
以上	yǐshàng	mehr als	12

以为	yǐwéi	glauben, meinen	2
以 ... 为主	yǐ ... wéi zhǔ	als Hauptsache betrachten, hauptsächlich	4
易北河	Yìběihé	Elbe	7
意识	yìshí	Bewusstsein	18
意味着	yìwèizhe	bedeuten	20
艺术	yìshù	Kunst	4
义务	yìwù	Pflicht	19
义务劳动	yìwù láodòng	freiwillige Arbeit	14
阴沉	yīnchén	finster, düster	10
因素	yīnsù	Faktor	12
音乐厅	yīnyuètīng	Musikhalle	(2), 7
音响	yīnxiǎng	Stereoanlage	9
引起	yǐnqǐ	verursachen	(12), 20
引人注目	yǐn rén zhù mù	auffällig, ins Auge fallen	6
饮用水	yǐnyòngshuǐ	Trinkwasser	19
印象	yìnxiàng	Eindruck	6
英俊	yīngjùn	schön	12
迎接	yíngjiē	abholen	17
营养过剩	yíngyǎng guòshèng	überernährt sein	14
营业员	yíngyèyuán	Verkäufer/Angestellter	14
影响	yǐngxiǎng	beeinflussen, Einfluss	5
应...邀请	yìn yāoqǐng	auf Einladung von	16
硬	yìng	hart	(14)
硬件	yìngjiàn	Hardware	9
用处	yòngchù	Nutzen	11
用功	yònggōng	fleißig (beim Lernen)	15
庸俗	yōngsú	spießbürgerlich, vulgär	16
优先	yōuxiān	vorrangig, erstrangig	(20)
忧郁症	yōuyùzhèng	Depression	13
游戏	yóuxì	(Gesellschafts-)Spiel	9
游戏卡	yóuxìkǎ	Game-Card	9
由于	yóuyú	wegen	3

犹豫不决	yóuyú bù jué	unentschlossen sein	2
友情	yǒuqíng	Freundschaft	(6)
有必要	yǒu bìyào	notwendig sein	12
有出息	yǒu chūxi	große Zukunft haben	10
有道理	yǒu dàoli	recht haben, richtig	16
有关	yǒuguān	betreffend	4
有害	yǒuhài	schädlich	16
有力	yǒulì	kräftig	20
有所	yǒusuǒ	etwas, ein wenig	10
有限	yǒuxiàn	begrenzt	15
有血有肉	yǒu xuè yǒu ròu	aus Fleisch und Blut	9
有朝一日	yǒu zhāo yī rì	eines Tages	13
有志者,事竟成。	yǒu zhì zhě shì jìng chéng	Wo ein Wille ist, ist auch ein Weg.	(1)
于	yú	in	3
于是	yúshì	dann	2
娱乐街	yúlèjiē	Vergnügungsstraße	7
舆论界	yúlùnjiè	Presse	15
与	yǔ	und	9
雨量	yǔliàng	Niederschlagsmenge	20
遇到	yùdào	begegnen	2
预言	yùyán	Vorhersage	8
原来	yuánlái	1) ursprünglich, einst; 2) also	10
原木	yuánmù	Rohholz	20
原始森林	yuánshǐ sēnlín	Urwald	20
原因	yuányīn	Grund, Ursache	5
园园	Yuányuan	Yuanyuan (*Personenname*)	(2)
愿望	yuànwàng	Wunsch	17
怨言	yuànyán	Beschwerde	9
约会	yuēhuì	Verabredung	(11)
月亮	yuèliang	Mond	(20)
运	yùn	transportieren	11
灾难	zāinàn	Katastrophe	19

糟糕	zāogāo	schlimm, verflucht, so ein Pech	(19)
早晨	zǎochén	Morgen, früher Morgen	5
造	zào	bauen	(18)
造成	zàochéng	verursachen	13
增	zēng	steigen	20
沾光	zhān guāng	von etw. profitieren	11
张	zhāng	öffnen	11
丈母娘	zhàngmǔniáng	Schwiegermutter	(13)
照顾	zhàogù	sich kümmern um	11
照相机	zhàoxiàngjī	Fotoapparat	14
哲学家	zhéxuéjiā	Philosoph	3
真实	zhēnshí	wahr, echt	10
真心	zhēnxīn	echt, ehrlich	(9)
针灸	zhēnjiū	Akupunktur	(17)
诊断	zhěnduàn	Diagnose	(8)
震耳欲聋	zhèn ěr yù lóng	ohrenbetäubend	11
征婚	zhēnghūn	einen Ehepartner suchen	12
争论	zhēnglùn	Debatte, diskutieren	20
争气	zhēngqì	Ehre machen	(15)
整	zhěng	vollständig	9
正好	zhènghǎo	gerade, gerade richtig	16
正是	zhèngshì	genau, gerade	20
政令	zhènglìng	Richtlinie	20
证明	zhèngmíng	Bestätigung	4
之	zhī	*Partikel*	6
知识分子	zhīshi fènzǐ	Intelektuelle/r	12
直到	zhídào	bis	15
值得	zhídé	sich lohnen	11
值日	zhírì	Dienst haben	14
职权	zhíquán	Amtsgewalt	10
职业	zhíyè	Beruf	12
植物园	zhíwùyuán	botanischer Garten	3
指	zhǐ	zeigen	10

只好	zhǐhǎo	es bleibt einem nichts anderes übrig als	10
至少	zhìshǎo	mindestens	15
治疗	zhìliáo	behandeln	(9)
质量	zhìliàng	Qualität	6
致癌	zhì ái	Krebs erregen	19
致命	zhì mìng	zum Tod führen	19
智力	zhìlì	Intelligenz	14
中考	zhōngkǎo	Zulassungsprüfung zur Oberstufe der Mittelschule	15
中年	zhōngnián	mittleres Alter	(11)
中年人	zhōngniánrén	Person mittleren Alters	16
终于	zhōngyú	endlich	10
重点	zhòngdiǎn	Schwerpunkt	4
重视	zhòngshì	beachten, als wichtig erachten	12
众多	zhòngduō	zahlreich	4
周恩来	Zhōu Ēnlái	Zhou Enlai (1898 – 1976)	17
周围	zhōuwéi	Umgebung, Umfeld, ringsum	16
周游世界	zhōu yóu shìjiè	um die Welt reisen	18
珠江	Zhūjiāng	Perl-Fluss	(7)
主持人	zhǔchírén	Moderator	(12)
主题	zhǔtí	Hauptthema	19
主要	zhǔyào	hauptsächlich	17
住房	zhùfáng	Wohnung	3
著明	zhùmíng	berühmt	4
注册	zhùcè	immatrikulieren	4
注视	zhùshì	beobachten	(19)
专家	zhuānjiā	Experte	(15)
专门	zhuānmén	extra, speziell	4
专心	zhuānxīn	mit ganzem Herzen	11
专业	zhuānyè	Fach	3
专著	zhuānzhù	Monographie	11
转	zhuǎn	wechseln	(4)

转帐	zhuǎn zhàng	(Geld) überweisen	8
赚钱	zhuàn qián	Geld verdienen	9
状况	zhuàngkuàng	Zustand	12
准时	zhǔnshí	pünktlich	14
资源	zīyuán	Ressourcen	18
子孙	zǐsūn	Nachkommen	(19)
仔细	zǐxì	sorgfältig	(13), 18
自从 ... 以来	zìcóng ... yǐlái	seit	8
自动控制	zìdòng kòngzhì	Automatik	(9)
自古以来	zì gǔ yǐlái	seit alters her	20
自然	zìrán	natürlich, Natur	(11), 20
自杀	zìshā	Selbstmord	19
自私	zìsī	egoistisch	6
自由	zìyóu	Freiheit	13
自信心	zìxìnxīn	Selbstvertrauen	(16)
总理	zǒnglǐ	Ministerpräsident	17
总面积	zǒngmiànjī	Gesamtfläche	5
总统	zǒngtǒng	Präsident	(17)
总之	zǒngzhī	kurz gesagt	19
揍	zòu	schlagen	(15)
租	zū	mieten	13
组成	zǔchéng	bilden, bestehen aus	13
阻拦	zǔlán	verhindern	11
嘴巴	zuǐbā	Mund	11
最佳	zuìjiā	am besten	(12)
最先	zuìxiān	zuerst	17
作用	zuòyòng	Funktion	8
作主	zuò zhǔ	Entscheidungen treffen	(13)

材料来源 Quellenverzeichnis

1. 课文根据 北京语言学院 "成语故事" 改写
2. 课文根据北京语言学院"成语故事"改写
   阅读课文根据北京语言学院"初级汉语课本－阅读理解"改写
3. 课文根据"德中论坛"第29期改写
   阅读课文根据1991年4月4日"扬子晚报"张明的"吃面条"改写
4. 阅读课文根据吴晓露"说汉语谈文化"改写
5. 阅读课文根据北京语言学院"初级汉语课本－阅读理解"改写
6. 课文根据余秋雨"文化苦旅"中"上海人"改写
   阅读课文根据肖复兴的"北京人"改写
7. 课文根据"德中论坛"第35期改写
   阅读课文根据北京语言学院"初级汉语课本－阅读理解"改写
8. 课文根据"幼狮"第237期和"德中论坛"第40期改写
9. 课文根据"德中论坛"第40期改写
10. 课文根据"中国当代小小说精选"中黄立群的"变化"改写
    阅读课文根据"微行小说"中刘彬彬的"陌生的称呼"改写
11. 课文根据"中国当代小小说精选"中航鹰的"地毯"改写
    阅读课文根据北京语言学院"初级汉语课本－阅读理解"改写
12. 课文根据"中国社会科学"1989年第四期改写
    阅读课文根据1989年5月16日"扬子晚报"韦林的"电视红娘"改写
13. 课文根据"德中论坛"第四十期改写
    阅读课文根据1989年11月10日"中国妇女报"改写
14. 课文根据"中国作家"1986年第三期改写
    阅读课文根据 "中国妇女"1987年第6期改写
15. 课文根据"了望"周刊1994年第15期改写
    阅读课文根据"中国妇女"1987年第6期改写
16. 课文根据 1991年5月4日"周末"报 改写
    阅读课文根据中央电视台1997年"实话实说"改写
17. 课文根据"北京青年报"第2781期改写
    阅读课文根据"桥"1989年第4期改写
18. 课文根据 1996年8月20日"中国消费者报" 改写
    阅读课文根据1997年4月25日"人民日报"海外版"访德散记"改写
19. 课文根据"德中论坛"第33期改写
    阅读课文根据"人民日报"改写
20. 课文根据"华声月报"改写
    阅读课文根据1999年1月5日"人民日报"改写